ホーチミン市
タンビン区
8月革命通り
プーニュアン区
リートゥオンキエット通り
サイゴン駅
P.170
10区
2月3日通り
盲学校
P.124
グエンチタイン通り
チョーライ病院
P.126
フンブオン通り
フンブオン通り
5区（チョロン地区）
P.109
チャンフンダオ通り
6区

もっと深い旅をしよう

# 観光コースでない サイゴン（ホーチミン）

Another Saigon

野島和男

高文研

目次

## 第五章　チョロン

装丁＝商業デザインセンター・山田　由貴

# 序章

# なぜ「サイゴン」なのか

サイゴン川。サイゴンの街づくりは川に船着き場を作ることから始まった。

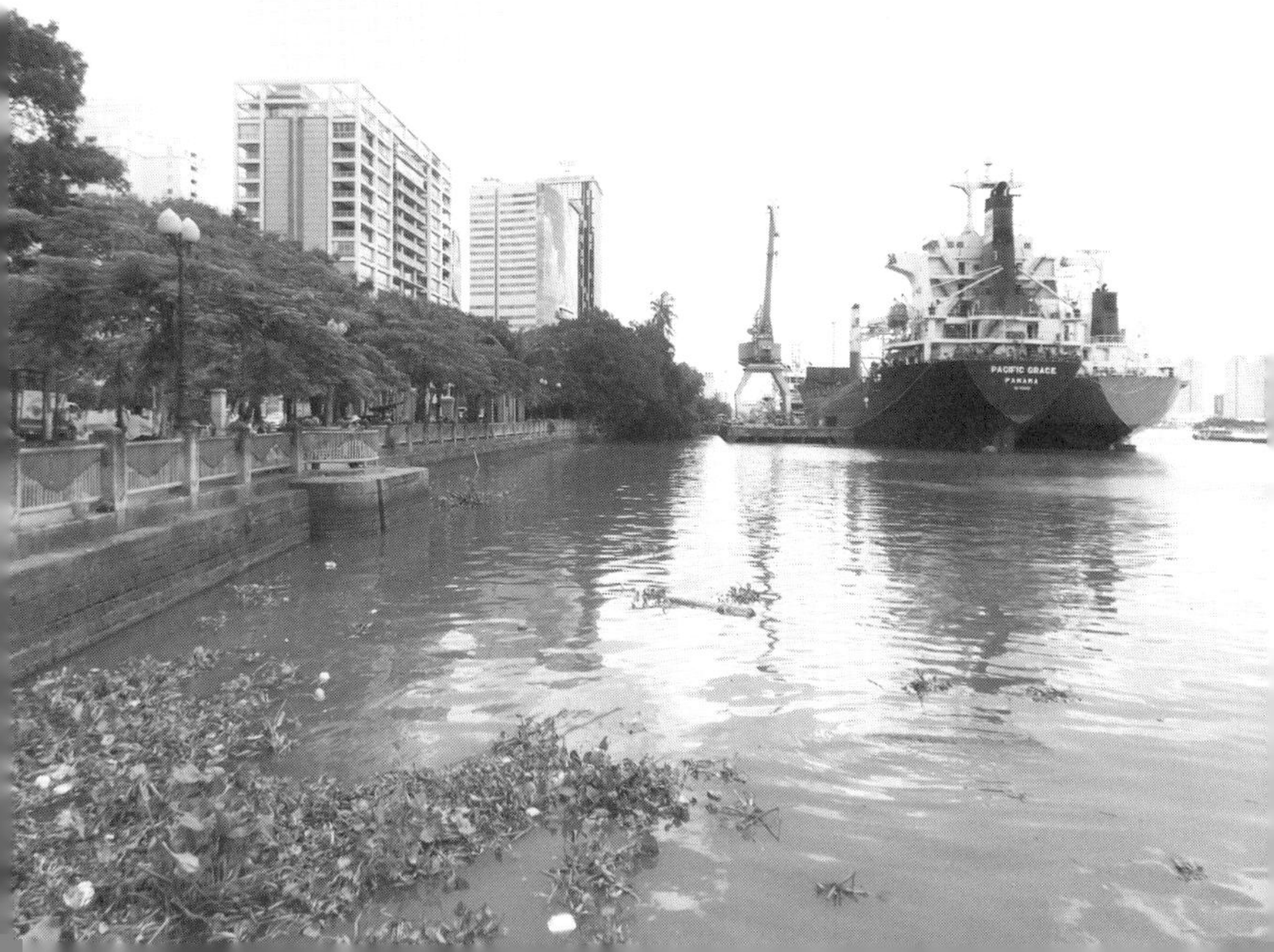

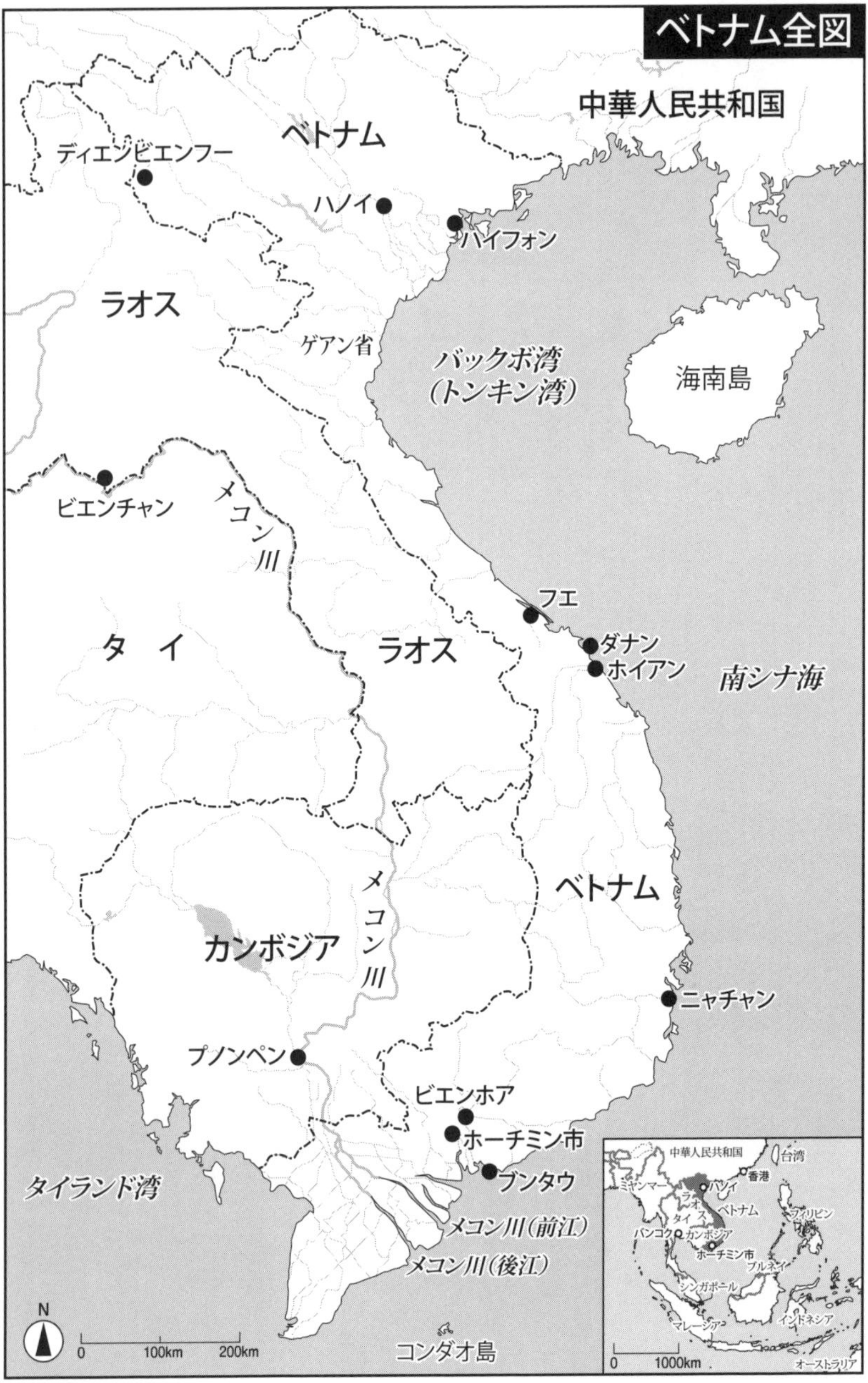
ベトナム全図
中華人民共和国
ベトナム
ディエンビエンフー
ハノイ
ハイフォン
ラオス
ゲアン省
バックボ湾
(トンキン湾)
海南島
ビエンチャン
メコン川
フエ
ダナン
ホイアン
タ イ
ラオス
南シナ海
ベトナム
メコン川
カンボジア
ニャチャン
プノンペン
ビエンホア
ホーチミン市
ブンタウ
タイランド湾
メコン川(前江)
メコン川(後江)
コンダオ島
N
0
100km
200km
中華人民共和国
台湾
香港
ミャンマー
ハノイ
ラオス
タイ
ベトナム
フィリピン
バンコク
カンボジア
ホーチミン市
ブルネイ
シンガポール
マレーシア
インドネシア
0
1000km
オーストラリア

## *ベトナム社会主義共和国

東南アジア、インドシナ半島の南端にあり北は中国、西はラオス・カンボジアに接し、南には南シナ海の海岸線が続いている。国土の総面積は約三五万平方キロ。これは日本の総面積から九州を除いたのとほぼ同じ大きさだ。南北に長い地形も日本に似ている。ただし、山国の日本とは正反対で国土のほとんどには広大な平原が広がっている。そのため、農業の耕作面積は日本の二倍近くある。人口は二〇一五年現在で約九、二〇〇万人。しかも、国民の平均年齢は二九歳という若者の国だ。

この国では古来より中華文明の影響が大きい。茶碗と箸で米の飯を食べ、食後にはお茶を飲む。地理的には東南アジアだが生活習慣では日本が属する東アジアの文化と共通することも多い。現在の文字はアルファベット表記だが以前は漢字を使っていた。漢字を自国語に使用したため日本と同じで音読みと訓読みがある。そのため、音読みでは日本語の発音と似かよった言葉もある。

歴史的には紀元前より中華歴代王朝に朝貢し、その後一九世紀からはフランスの従属国であった。そのため、民族の独立意識がとても強い。従属国の時代、表面上では異民族の政府に従っていても胸の奥には自民族の自負があった。そしてその心情は親から子、そして孫へと受け継がれてきた。そのため、現在でも中央政府の発令より地域の不文律を重視する村型社会の傾向が根強い。そして、仏教を基調とする宗教倫理が一般大衆に浸透しているのも特徴のひとつだ。そのためだろうか、スリやコソ泥はいるが、殺人や強盗のような凶悪事件はほとんどない。

首都は北部のハノイだが経済を牽引しているのはホーチミン市などの南部だ。基本的には農業国であり二〇一五年時点で国民の七割は農民だ。米の輸出量では世界第三位、コショウやコーヒーなども世界市場に占める比率が大きい。しかし、輸出金額で一番多いのは南部で産出される原油であり、そのほとんどを日本が買っている。ベトナムといえば開発途上国というイメージがあるかもしれない。確かにベトナム戦争終戦（一九七五年）からしばらくは最貧国に分類されていた。その後、苦しい時代を乗り越え二〇一六年現在では名目ＧＤＰが二、〇〇〇億ドル近くに達した。これは世界第四八位だ。この数字が示すように、もはや最貧国というわけではない。ただし、世界の平均水準にはまだ遠く及ばない、というのが現状だ。

## ＊寺男として働く

わたしがホーチミン市で暮らしはじめたのは四〇代のことだった。それまでの不摂生がたたり、すっかり体調をくずしていた。高血圧、血中脂質異常、典型的な生活習慣病だった。当時は箸の上げ下げでも辛く感じ、働く気力などまったくなくなってしまった。

わたしの妻はベトナム人で、ホーチミン市に実家がある。そちらに行けば長期の休養も可能だと考えた。つまり、遊んで暮らそうと思ってベトナムへ来たのだ。子どももがいなかったこともあり、夫婦で里帰りするような、そんな軽い気持ちでこちらに来た。

妻の実家で居候をきめこみ、楽隠居のような毎日をすごしていた。しかし、やることがないと食事はおいしくないし、夜の寝つきも悪くなるものだ。そこで、半日だけでも何かをしようと思った。最初にはじめたのは寺男だった。寅さんの映画に出てくる源ちゃんのようにお寺の掃除や雑用をする。敬虔な信者というわけでもないのだが、暇なので家のすぐ近くにあるお寺へよく遊びに行っていた。お寺のお坊さんならば漢字で筆談ができるからだ。ベトナムは日本と同じ大乗仏教（中国経由の仏教）なので経典は漢文のものを使う。そのため僧侶は小坊主の頃から漢字の読み書きを習う。

寺男をしていた時の著者。

毎日来る日本人のことを、和尚さんは仕事にあぶれたかわいそうな人だと思ったらしい。

「うちの寺で働きなさい。ご飯は食べさせてあげるから」と、言ってくれた。

その日から寺男の生活がはじまった。毎日、本堂や仏塔の掃除をして、お供物などを取り替える。午後の勤行《ごんぎょう》やお祭りのときにはアオザイを着て鐘楼の鐘を突く。お寺でいただく食事はすべて精進料理だった。マンゴー、パパイヤ、ランブータン、おやつには南国のフルーツが山盛りで出された。そんな生活がわたしの体に合っていたようで体調は日ごとによくなっていった。

寺男をはじめてから一年たらずで、血液検査の結果もほとんど正常値に戻った。体調が回復するにしたがって、仕事をする意欲も戻ってきた。ちょうどその頃のことだった。妻の恩師であり、家が近いこともあって懇意にしていた大学の副部長から声をかけられた。日本語を勉強している大学生に歴史を教えないかと勧められたのだ。外国で教師になるなど、考えたこともなかったが「授業は日本語だけ」という条件で承諾した。

## *ホーチミン市の中の「サイゴン」

こちらで半年、一年と暮らしていくうちにベトナム語も少しだけわかるようになっていった。しかし、最初の頃は会話が聞き取れるようなレベルではなかった。文法はあやふやだし、知っている単語も十分ではなかった。そのため、わずかに知っている単語をつなぎ合わせてなんとか意味を理解しようとした。場所や住所の話題ではわたしが知っている〝ホーチミン〟という言葉が出てくることを期待して耳をそば立てた。ところが、そういう会話に〝ホーチミン〟という言葉はほとんど登場しない。最初は民族独立の父、ホーチミンとの混同を避けているのかと思った。

バーサイゴン。街角には「Saigon」があふれている。

しかし、それだけではないようだ。わたしにはホーチミンという名称を意図的に避けているかのように思えた。

一方、〝サイゴン〟という名称は積極的に使うようだ。街に出れば〝SAIGON〟という文字がいたるところで目に入る。ホーチミン市の駅の名前は〝サイゴン〟駅、港の名前は〝サイゴン〟港。店や会社の商標でも同じだ。〝サイゴン〇〇レストラン〟というような看板をよく見かける。東京でも昔の趣きがある場所を「江戸情緒が残る」などと表現することがある。ベトナム人、特に南部の人にとってサイゴンとは古き良き時代の郷愁を誘うキーワードであるらしい。そう考えたのがサイゴンについて調べはじめたきっかけだった。

フランスの占領がはじまった一八五九年からベトナム戦争が終結した一九七五年までがサイゴン時代だ。調べてみるとサイゴン時代はベトナムで近代文明が花開いた時期だった。一九世紀、日本では明治政府が主導して積極的に

バイク屋。ここも「Saigon」だ。

西洋文明を取り入れ、文明開化といわれた。ちょうど同じ頃、ベトナムではフランス植民地政権が強引なまでに西洋文明を持ち込んだ。

それまでのサイゴン地域はほとんどが湿原で、小さな民家が点在している田舎町だった。フランスはベトナム南部を占領する戦略拠点として、サイゴンに目をつけた。サイゴン占領の直後から湿地を干拓し、運河や道路を整備した。それまでにあった町を取り壊して近代都市を造りはじめた。イギリスのシンガポールやスペインのマニラに対抗して理想の港湾都市を植民地に造ろうとしたのだ。そうして、東洋の真珠と謳われる〝サイゴン〟が造られた。

## ＊サイゴン時代の戦争

サイゴン時代は一〇〇年あまりだが、その間にベトナムは大きな戦乱に何度も巻き込まれた。二〇世紀は戦争の世紀だといわれるが、ベトナムも二度の世界大戦とその後の世界再編に大きく影響された。二〇世紀初頭にはじまった第一次世界大戦ではインドシナ軍としてベトナム兵も出兵している。フランスは、ベトナムで数万人規模の兵を募りヨーロッパ戦線に送り込んだ。このとき編成された軍隊はインドシナ南部の農村出身者が多く、ベトナム人部隊やカンボジア人部隊などのように民族ごとで構成されていたそうだ。

その後には日中戦争がはじまった。アメリカは、中国国民党軍を支援する物資をベトナムで荷揚げして、陸路で中国へ送っていた。その補給路を絶つため日本の軍隊は一九四一年の七月にベトナムへ進駐した。日中戦争は拡大して、アジア太平洋戦争となり、戦争終結直後（一九四五年）からは第一次インドシナ紛争がはじまった。フランスは日本軍が出て行ったベトナムで、以前からの植民地支配を継続しようとしていた。それに対しホーチミンを中心とするベトミン〈註1〉（ベトナム独立同盟会）がフランスに反旗を翻して、民族独立を宣言したのだ。その紛争で勝敗を決定付けたのが一九五四年のディエン・ビエン・フーの戦いだった。ベトミンが勝利し、ジュネーブ協定〈註2〉が結ばれた。協定により百年以上ベトナムを植民地支配してきたフランスは撤退した。しかし、北朝鮮と韓国のように国は南北に分断されてしまった。南はアメリカが支援する資本主義の反共国家、北はホーチミンに率いられた社会主義国家となった。そして、南北の勢力が血みどろの殺し合いをくり返す第二次インドシナ紛争、いわゆるベトナム戦争がはじまった。

ベトナム戦争は二〇年近くも続き、国土は荒廃した。そして、一九七五年四月三〇日のサイゴン解放（南ベトナムの無条件降伏）で戦争は終わった。この年がベトナム民族が千年来渇望した本当の独立のはじまりだったといえるかもしれない。しかし、戦争の終結は新たな苦難のはじまりでもあった。それまでのベトナム南部（南ベトナム＝ベトナム共和国）はアメリカの経済力に大きく依存していた。アメリカは官民ともに莫大な金額をベトナムで費やしていた。ベトナム戦後になり、アメリカにたよりきっていた南部の経済システムは崩壊した。製造や流通の中心だった外資系企業の多くは閉鎖された。バー、キャバレー、カジノなどの遊興施設やアメリカ兵御用達だった輸入品を扱う商社や店舗はすべて廃業した。そして、これらの企業や店の従業員はすべて職を失い、街は失業者であふれた。しかも、西側諸国からは過酷な経済封鎖を受けていた。

それまで支援していた中国は戦後すぐに援助を打ち切った。一九七五年よりカンボジアはクメール・ルージュ〈註3〉に支配され、人口八〇〇万人足らずのこの国で二〇〇万人以上が処刑された大虐殺の渦中にあった。中国はポルポトのクメール・ルージュを全面的に支援していた。カンボジア人の知識階級を抹殺して、漢民族を大量に入植させていたのだ。一方ベトナムはポル・ポトと対峙するヘン・サムリン政権を支持していた。一九七八年にはじまったクメール・ルージュとの戦争でベトナム軍はカンボジアの首都プノンペンを制圧した。それに怒った中国は一九七九年、ベトナム北部に一方的に越境して軍隊を進めた。こうして中国の国境侵犯が一九八八年まで続いた。

## ベトナム1980年代からのインフレ率（IMFによる推計）

| 1980年 | 1981年 | 1982年 | 1983年 | 1984年 |
|---|---|---|---|---|
| 25.16% | 69.60% | 95.40% | 49.49% | 64.90% |
| 1985年 | 1986年 | 1987年 | 1988年 | 1989年 |
| 91.60% | 453.54% | 360.36% | 374.35% | 95.77% |
| 1990年 | 1991年 | 1992年 | 1993年 | 1994年 |
| 36.03% | 81.82% | 37.71% | 8.38% | 9.49% |
| 1995年 | 1996年 | 1997年 | 1998年 | 1999年 |
| 16.93% | 5.59% | 3.10% | 8.11% | 4.11% |

出典：IMF-World　Economic　Outlook　Databases

生産性の低下による極端な物不足により物価はうなぎ登りに上昇を続けた。一九八〇年代は年率で数百パーセントのインフレが何年も続いていた。命がけで海外に脱出するボートピープルが話題になったのもこの頃だ。戦後の亡命と聞けば政治的な理由を連想するかもしれない。しかし、実際には経済的な理由により脱出した人たちがほとんどだった。そんな危機的状況を打開したのがドイモイ政策（註4）だった。ドイモイが正式に採択されたのが一九八六年だ。それから数年でインフレは沈静化に向かい、全国的に政策が浸透してからは経済が安定した。

八〇年代の後半からは人道的支援にかぎり西側の援助もはじまった。九〇年代に入ると諸外国からの支援や投資も本格化して、経済は順調に回復していった。一九九二年から二〇一五年までの経済成長率は平均で七パーセントを上回っている。一九九五年にはＡＳＥＡＮ（東南アジア諸国連合）正式加盟とアメリカとの国交正常化も果たした。

ベトナムはあまりにも長かった戦乱をくぐり抜け、一九七五年の南北統一で生まれ変わった。そして、サイゴンはホーチミン市へと名称が代わった。しかし、有形無形の文化は現在も継承されている。都市の名称は代わってもサイゴン時代の文化は失われたわけではない。

**【註】**

〈1〉ベトナム独立同盟会（Việt Nam Độc Lập Đồng Minh Hội）　一九四一年結成。それまでは各地で散発的に活動していたフランスへのレジスタンス活動をホーチミン、ヴォー・グエン・ザップなどがまとめて統一組織とした。会の呼称を略して〝ベトミン〟としたのはホーチミン自身の発案。

〈2〉ジュネーブ協定

第一次インドシナ紛争を終結するためにスイスのジュネーブで和平会談が行われた。この会談により休戦協定が結ばれたがベトナムは南北に分断された。

〈3〉クメール・ルージュ

ポル・ポト派とも呼ばれる。ポル・ポトが率いる左翼武闘勢力のことをカンボジアのシアヌーク殿下がフランス語で〝Khmer Rouge〟（赤いクメール）と呼んだことによる。

〈4〉ドイモイ政策

ベトナム語で「新しく変える」という意味。中国の改革開放やソ連のペレストロイカと同意。大胆な市場開放や経済自由化によってそれまでの統制経済を実態経済に近づける試み。提唱者のグエン・シュアン・オアイン博士（二〇〇三年没）は京都大学卒業後、ハーバード大学教授やＩＭＦ（国際通貨基金）の上級エコノミストを歴任した。

## コラム　ようこそサイゴンへ

ホーチミン市への旅行を計画している方のために、ベトナム在住者としてお伝えしたいことがいくつかある。ハノイなどベトナムの北部には四季があるが、南部では四季はなく雨季と乾季に分かれる。例年六月から一一月が雨季、そして、一二月から五月が乾季だ。南部は一年中いつでも暑いのだが、年末から旧正月（二月）にかけての朝晩は涼しい。しかし、午後からは気温が三〇度近くまで上がる。特に暑いのは四月と五月で、四〇度を超える日もある。この時期は乾季なので雨はほとんど降らない。そのため、街中がホコリっぽくなってしまう。そして、六月になり、雨が降るとようやく一息ついたような、そんな気分になる。

こちらでは「外は暑いから上着を着なさい」と、よくいわれる。気温は高いが湿度は低いので屋外では長袖の方が快適なのだ。日差しは日本と比べものにならないほど強いので、帽子とサングラスはあった方がよい。ただし、帽子などはベトナムで買った方がはるかに安いので「こちらに来てから買う」という手もある。日焼け止めなどもコンビニやスーパーで普通に買うことができる。ご婦人ならば日傘を使うのも有効だ。ただし、雨季には台風並みの突風が吹くこともあるので傘の取り扱いには気をつけていただきたい。

寺院や教会などの宗教施設では服装に注意してほしい。半ズボンやタンクトップなど、肌の露出が多い服装では入場できない。特に半ズボンというのはベトナム人にとっては非礼な服装のようで、ディスコなどでも断られることがあるようだ。ただし、足元はサンダルでかまわない。

ホーチミン市内、特に観光客が多い中心街では窃盗の被害が報告されている。バイクの二人乗りでやってくるヒッタクリは外国人を専門に狙うそうだ。ただし、南米や南ヨーロッパのように被害が多いわけではない。旅行会社の添乗員に聞いたところ「日本よりは多いけど、これくらいが世界の平均レベルだろう」と話していた。実際にわたしは一〇年以上暮らしているが、被害にあったことは一度もない。現金や財布を露出させないとか、カバンはタスキ掛けにするなど基本的な用心をしていれば問題ないと思う。また、序章でも触れたが、殺人や強盗のような凶悪事件はほとんどない。

ホーチミン市内でも撮影禁止の場所がある。空港の出入国審査場や税関、市庁舎などの行政施設、軍隊、警察、病院などでは撮影が禁止されている。特に軍関係の施設は外観も撮影できない。空港で公安職員にレンズを向けたためにカメラを没収されたという例も実際にある。「日本とは違う」ということをお忘れなきように。

# 第一章

# サイゴンの成立と近代文明化

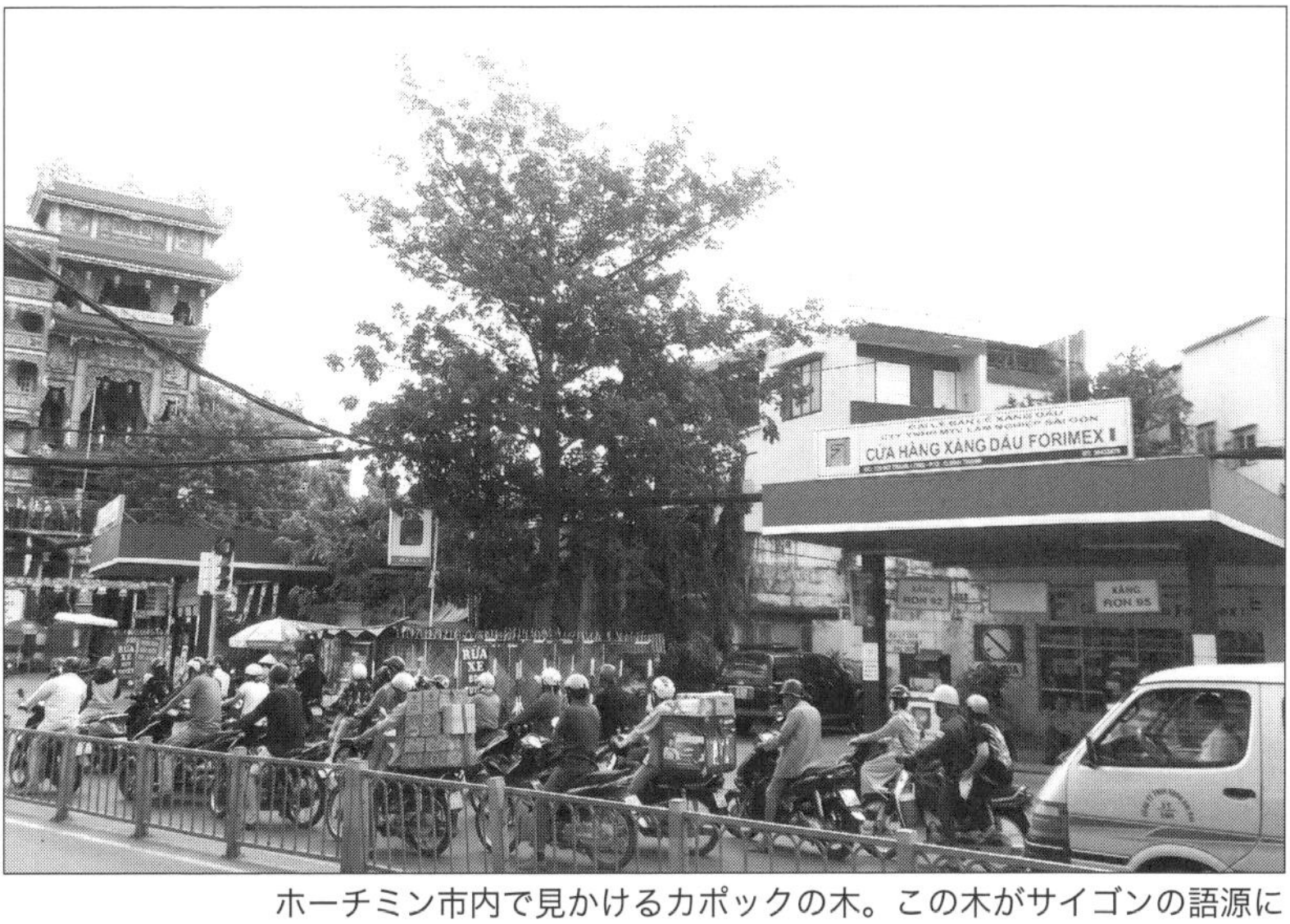


ホーチミン市内で見かけるカポックの木。この木がサイゴンの語源になったという節もある。

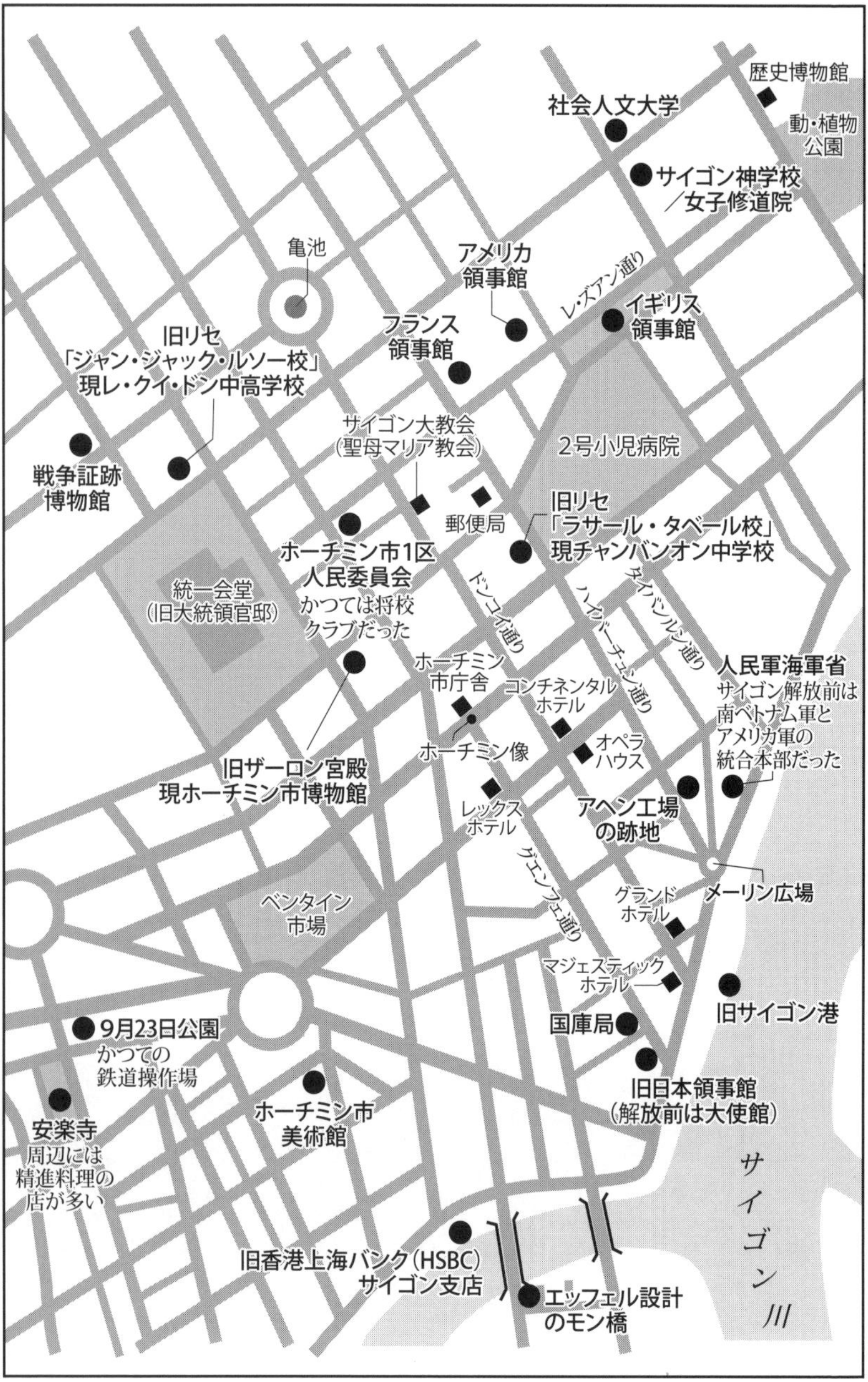

歴史博物館
社会人文大学
動・植物
公園
サイゴン神学校
／女子修道院
亀池
アメリカ
領事館
レ・ズアン通り
イギリス
領事館
フランス
領事館
旧リセ
「ジャン・ジャック・ルソー校」
現レ・クイ・ドン中高学校
サイゴン大教会
(聖母マリア教会)
2号小児病院
戦争証跡
博物館
郵便局
旧リセ
「ラサール・タベール校」
現チャンバンオン中学校
ホーチミン市1区
人民委員会
かつては将校
クラブだった
統一会堂
(旧大統領官邸)
ドンコイ通り
ハイバーチュン通り
タイバンルン通り
人民軍海軍省
サイゴン解放前は
南ベトナム軍と
アメリカ軍の
統合本部だった
ホーチミン
市庁舎
コンチネンタル
ホテル
オペラ
ハウス
ホーチミン像
旧ザーロン宮殿
現ホーチミン市博物館
レックス
ホテル
アヘン工場
の跡地
グエンフエ通り
メーリン広場
ベンタイン
市場
グランド
ホテル
マジェスティック
ホテル
旧サイゴン港
国庫局
9月23日公園
かつての
鉄道操作場
旧日本領事館
(解放前は大使館)
安楽寺
周辺には
精進料理の
店が多い
ホーチミン市
美術館
サイゴン川
旧香港上海バンク(HSBC)
サイゴン支店
エッフェル設計
のモン橋

## ＊フランスによる植民地化

一八世紀に西アジアではじまった西欧列強のアジア進出は一九世紀に入ると東アジアにも展開され、アジアの国々は次々と植民地化された。イギリスはインドの主な都市を領地とし、オランダやスペインもアジア各地に版図を広げていった。この時代のアジアで、外国の植民地にならなかったのはタイと日本だけだった。そして、ベトナムに触手を伸ばしてきたのはフランスだった。

ベトナムでは中部の豪族グエン氏が一八〇四年にようやく全土を統一して王朝を打ち立てたばかりだった。一八二四年、交易条約をもとめてナポレオン三世が親書を送ってきた。しかし、グエン朝はこれを拒絶。一八三三年にはキリスト教の布教を禁じ、一八三六年には禁制を強化して宣教師を死刑にすると布告した。まず、宣教師を送り、その後に軍隊を進駐させるスペインなどの侵略方式に先手を打ったのだ。そして、実際にフランス人とスペイン人の宣教師を処刑した。

この事件は西欧がベトナムに軍隊を送る口実となってしまった。一八五八年にフランス・スペインの連合軍は中部のダナンを攻撃。翌一八五九年には南部サイゴンが占領されて、フランスの植民地支配がはじまった。その後、北部のハノイも占領された。グエン朝は宗主国である清に救援をもとめ、清仏戦争となった。しかし、清は敗れて、一八八五年にフランスの植民地支配が確立した。そして、フランスの植民地政権によって最先端の近代文明が西洋からベトナムへ持ち込まれた。

フランスはサイゴン占領と同時にそこの港を諸外国に開放し〝プチ・パリ〟を建設することを構想した。そのもくろみは成功し、サイゴン港は豊穣なメコンデルタの農産物の積み出し港として栄えた。街にはコロニアル様式（註1）の建築が並び、サイゴンはアジア有数の商都となった。しかしながら、その恩恵に浴したベトナム人はほとんどいなかったと推測する。当時の資料にある権力者や資産家のほとんどはヨーロッパ人か中華系移民でありベトナム人の名前はほとんどない。

プチ・パリの建設を可能にしたのは植民地競争の時流に乗ったフランスの経済力だった。一八世紀半ばよりイギリスと競い合い、世界各地でフランスは植民地化を推し進めた。そして、植民地貿易により莫大な富を創出した。一八七〇年に五億ドルほど（Int$／国際ドル）だった輸出額は一九一三年には一三億ドルを超え、一九二九年には二〇億ドル近くに達している。それを反映して、一九世紀末から二〇世紀初頭にかけてGDPも急増した。この時代、フランスと日本の人口はほぼ同じだった。しかし、二〇世紀がはじまった一九〇〇年を例にとるとフランスのGDPは日本の二倍を越えていた。

### フランスのGDP

（単位：100万Int$/国際ドル）

| | |
|---|---|
| 1820年 | 38,071 |
| 1850年 | 60,685 |
| 1870年 | 71,419 |
| 1900年 | 115,645 |
| 1910年 | 121,084 |
| 1920年 | 124,662 |

出典：アンガス・マディソン『世界経済の成長史』

旧HSBC(香港上海銀行)の建物。現在は、ベトナム国家銀行となっている。

一九世紀の後半から第一次世界大戦までの時代をフランス人は〝ベル・エポック〟(麗《うるわ》しの時代)と呼ぶ。パリではオスマン男爵によるパリ大改造が完成した。下水道や交通などの都市インフラが整備されたパリの中心街には富裕層が集中した。その富裕層により、エッフェル塔(一八八九)、グランパレ(一九〇〇)、オルセー駅(一九三七)などの鉄骨構造で重厚な建物が次々と建設された。フランス革命(一七八九)の戦乱で損傷したノートルダム大聖堂などの修復もなされた。コンコルド広場やシャンゼリゼ通り、凱旋門などの整備も完成した。

富の産物として、新時代の芸術が生まれ、パリは芸術の都と呼ばれた。セザンヌやモネのような印象派、ロートレックなどのデカダン派、ラリックらのアールヌーボー様式も生まれた。ボードレールやランボーは新感覚の詩を吟じ、サラ・ベルナールの演技は欧米各国から絶賛された。一九〇〇年に開催されたパリ博覧会に象徴されるように、その時代のフランスは近代文明が天高く昇華した時代だった。

ベル・エポックの時代、サイゴンでも近代化がいっせいにはじまった。一八六三（文久三）年に中央郵便局が開業。一八七〇（明治三）年にはHSBC（香港上海銀行）が駐在員事務所を開設している。市民劇場、聖母教会、動物園、サイゴン市庁舎などもこの時代に建設された。道路や港などの都市インフラも整備された。サイゴンの地下ではパリのような下水道網が構築され、その総延長は一〇〇キロにも達している。

鉄道の開通は近代文明化の重要な指標となる。一八九六年にハノイで鉄道が開通するのにさきがけて、一八八一年にはサイゴン—チョロン間に鉄道が開通した。中国ではじめて開通した上海の呉淞《ウソン》鉄道が一八七六年。日本で新橋—横浜間に鉄道が開通したのが一八七二年だ。このことから、ベトナムでは日本とほぼ同時期に近代文明が広まっていったことがわかる。そして、それを牽引したのは千年の古都ハノイではなく、南部の新興都市サイゴンだった。それまでのサイゴン地域はマングローブが生い茂る湿地帯だった。一九世紀の後半、そこに〝東洋の真珠〟と称される近代都市が植民地政権によって建設された。

サイゴン川船着き場の艀。（ホーチミン市博物館蔵）

## ＊東洋の真珠

ベトナム南部のメコンデルタ地域は大河メコンによってもたらされた膨大な泥の堆積によって形成された低湿地だ。衛星写真ではメコン川から流れ出た泥がはるか沖合まで海の色を変えているのが見える。南国の海と聞けば、目にしみるようなコバルトブルーを想像するかもしれない。しかし、ベトナム南部の沿岸は茶褐色に濁っている。現在でも、ホーチミン市から一時間ほど南に下ったカン・ヨー地区に行けば、どこまでも続く泥の汽水域にマングローブ林が広がっている。

遠くチベット高原に源流を発するメコン川は中国、ラオス、カンボジアを経由してベトナム南部に河口を広げる。南シナ海にそそぐ河口は広大な平野を横切り幾筋にも分かれている。そのため、ベトナム人はメコン川を九首の龍になぞらえてクーロン（九龍）と呼んでいる。

泥の堆積が多いメコン河口域の海岸線は遠浅になり大きな船舶

を接岸する港がなかった。フランス政権はサイゴン川の河口から六〇キロほど上流の川岸に港を建設した。港の整備によって、ワニが生息するような湿地帯は近代的な商都となった。サイゴンには官庁や軍事基地を中心とした政府施設が多く、居住する外国人も多かった。フランス人以外にも中国系やインド系の人々、そしてユダヤ系の人も多かったそうだ。道路は広く、大通りには銀行やホテル、舶来品を扱う商店が並んでいた。

一九二一（大正一〇）年の二月には日本領事館が設置された。当時の資料によれば、日本人が経営する旅館や雑貨店、理髪店、写真館などがあり遊郭をやっている人もいたそうだ。会社では三井物産や三菱商事などの支店があり、外国為替を扱う横浜正中銀行も支店を出していた。それらの日本商社はベトナムから米などの農産物を輸出していた。日本からの輸入品もあったが、フランス植民地政権は日本からの輸入品に高額の関税を掛けていたために商品は限られていた。

一九二四（大正一三）年に出版された『南方研究／佛領印度支那』（前田寶治郎著、南方研究会）には二〇世紀初頭のサイゴンが紹介されている。

「西貢《サイゴン》は交趾支那《コーチシナ》の首府にして…　港頭市街の規模は繁然たるものにして所謂《いわゆる》文化的都市の施設を為し各国の領事館あり且《か》つ副総督の官邸及諸官衙、教会堂郵便電信局市劇場其他諸学校等は何れも広壮にして、且つ美術的建物多く、殊に街路の結構極めて整然として広潤なり」

当時のフランス政権はベトナムをトンキン（北部）、アンナン（中部）、コーチシナ（南部）の

旧日本領事館。現在は、総領事公邸となっている。

三地域に分割していた。「交趾支那の首府」とはベトナム南部の首都という意味だ。同書のサイゴン紹介は続く。

「街路に蒼々たるタマリンドの並木を有し街上自動車及馬車人車等の往来極めて頻繁なり、故に在住者は勿論旅行者も朝夕此の市内に涼味を味ひ、所謂熱帯気分の楽園に遊び、大樹鬱蒼百家繚乱たる動物園及市内各所の小公園に遊歩し、緑樹の間を縫ひ、其の風景趣景を鑑賞し、更らに近郊並木の坦々たる平道をドライヴ又は散束して常夏の涼味を呼ぶを常となす」

この〝涼味〟という表現は現在でもホーチミン市を歩けば実感できる。南国の日射は強烈で、日中に外出すれば肌がチリチリと焦げるようだ。しかし、湿度が低いので日陰に入れば、うそのような涼しさを感じる。

同書はサイゴン港のことも紹介している。

「堅牢なる埠頭及二箇所の修理船渠(ドック)を有し、左側河岸の一方に完備せる岸壁を築造し、河幅は広からざるも水深充分にして裕に一萬噸《トン》以上の大船舶を自由に入るを得べく… 河岸商港としては、或いは上海より優るとも劣らざるがごとし… 農産食糧品の輸出港として世界的の要港たるを失わず」


二〇世紀初頭といえば、若き日のホーチミンがフランスへと旅立った時期だ。彼は中北部のゲアン省で生まれ育った。ゲアン省は気候が過酷で土地に滋味が薄い。そのためベトナムでもっとも貧しい地域のひとつだ。しかし、この地方には勉学を重んじる伝統があり「たとえ米がなくとも子どもには本を与える」といわれている。この伝統は現在でも継承されていて、高等教育機関への進学率は首都のハノイ市と肩を並べるほど高い。また、ホーチミンのほかにもファン・ボイ・チャウやグエン・ティ・ミン・カイなどの独立運動家〈註2〉を多数輩出している。

ホーチミンの父親はグエン朝に奉職しており、彼も地方官僚を養成する学校で学んでいた。しかし、農民の抗税運動に加担したことから官憲にマークされ、学校は退学してしまった。その後、二一歳になったばかりのホーチミンはマルセイユ行きのフランス郵船にコック見習いとして乗り込み、一九一一年六月にサイゴン港から旅立った。世界各地を巡っていたが一九一七年のロシア革命をパリで知り、革命家としての活動を本格的に開始したといわれている。その後、中国での投獄などを経て三三年ぶりにベトナムへの帰国を果たせたのは一九四四年のことだった。ちなみに、若きホーチミンが就職したフランス郵船会社のインドシナ本部ビルは、現在ではホーチミン博物館となっている。

*ホーチミン博物館「Bảo tàng Hồ Chí Minh」Số 1 Nguyễn Tất Thành, quận 1

## *サイゴンという名称

一七世紀の終わり、それまではクメール王国（カンボジア）の領地だったベトナム南部はグエン朝が支配するようになった。ベトナムではこの地域を昔からヤーデン（北部発音ではザーディン）と呼んでいた。ところが、現地で暮らす人々は自分たちの地域をヤーデンではなくサイゴンと呼んでいた。一八五九年からはフランスの支配地域となったが、フランス植民地政権は〝ヤーデン〟だけではなく現地で通用している〝サイゴン〟も名称として使うようになった。現在のホーチミン市とその北部周辺域全体をヤーデンと呼び、街の中心部（現在のホーチミン市一区と三区）をサイゴンとしたのだ。その影響かどうかは定かではないが、現在でもホーチミン市の中心街のことを誰もがサイゴンと呼ぶ。

このサイゴンという名称は昔からのベトナム語ではない。サイゴンという地名の由来には諸説がある。例えばクメール語（カンボジア語）に由来するという説がある。クメール人はサイゴン地域のことをプライノコールと呼んでいた。これはカッポックの林という意味だ。クッション材などに使うカポックの繊維（パンヤ）は、その後の輸出品目にもなっているところをみるとサイゴンの特産品だったのだろう。カポックは漢語だと「木綿花」となる。この漢語をベトナム語で発音すると〝ボンゴン〟となる。つまり、〝ボンゴン〟からサイゴンになったというのだ。また、サイゴン地区に住む中国系住民はこの街を「堤岸」と呼んでいた。それを広東語で発音すると〝タイゴン〟となる。一七世紀以前のベトナム南部はクメール人以外にベトナム人や福建人など多くの異なる民族が暮らしていた。そのことを考えると一種のリングフランカ（共通混成言語）としてサイゴンという名称が使われていたのだろうと想像する。

## ＊サイゴン以前

先にも述べたが、グエン朝が進出する以前、サイゴンを含むベトナム南部はクメール王国の領地だった。このことは、現在のベトナム語にもその名残りがある。ハノイからサイゴンに行くことをベトナム語では、サイゴンに行く（đi Sài Gòn）といわずにサイゴンに入る（vào Sài Gòn）という。「場所」＋「入る」という文は密林の中に分け入るようなニュアンスがある。昔のサイゴン地域はベトナム人にとって人知の及ばぬ未開地だったのかもしれない。

しかし、他国の領地といっても現在のように国境とか国籍という概念は明確ではなかった。そのため、ベトナム人の入植は以前からあった。実際にベトナム人が集まった集落のような場所も一部に存在した。

一七世紀の中国では清朝成立（一六四四年）によって漢民族から満州族に王朝が代わった。一六六〇年、満州族の支配を嫌う漢民族の遺臣たちがベトナムへ亡命してきた。そして、そのほとんどはビエンホアやミトーなどサイゴン周辺に入植している。一八世紀に入るとサイゴン川の中州（現ビエンホア市）に華僑の村ができていた。この村は、水運の要衝だったため交易で栄えたという記録もある。

ベトナム中部のフエを本拠地とする豪族グエン氏は以前より南進政策を進めていた。一六五八年に南部の支配者だったクメール王がグエン氏に従属すると南進をさらに加速させた。一六九八年には軍隊を駐留させて、サイゴンを南部統治の拠点とした。グエン氏の統治が確立されるとフエ市周辺域からサイゴン周辺への入植が相次いだ。入植者には開拓権とともに土地が分配され、各地域には村ができた。現在、ホーチミン市の国際空港があるタン・ソン・ニャットもその一つで、一七四九年に村が設立されている。

一八世紀後半にタイソン党〈註3〉の反乱が発生した。この反乱によってグエン氏の根拠地だったフエ

八卦城の模型。（ホーチミン市博物館蔵）

市も一時、タイソン党に支配された。この時期、サイゴンも反乱軍の支配下となった。その後、グエン氏はフランスに軍事支援を要請してタイソン党を一掃した。また、北部で勢力を誇っていたレイ氏を排除してベトナムを全国統一した。一八〇二年にグエン・フック・アインが王に即位して、グエン朝が成立した。そして、一八〇四年には国名を越南（ベトナム）と定めた。この国名は宗主国の清から南へ行った地域という意味だ。当初は南越（ナムベト）とすべく清朝にお伺いを立てたが古代に同じ名の国があった、ということで文字を入れ替えて越南としたそうだ。

グエン氏がタイソン党からサイゴンを奪回してから最初に着手したのは砦《とりで》を築くことだった。サイゴン川に近い位置に、一二〇〇メートル四方の大きな城壁を築いた。城の名は「八卦《はっけ》城」(Thành Bát Quái) と

レ・バン・ズエット廟。今も、参拝客が絶えない。

いう。この城はその後に改修されて外壁が函館にある五稜郭のような星型に組まれた。これはヴォーバン様式という築城理論によるものだ。軍事顧問として招いていたオリビエ・ド・ピュイマネルというフランス将校の助言により設計したといわれている。

八卦城の初代城主として、ベトナム南部の統治をまかされたのはレ・バン・ズエット将軍だった。将軍はタイソン党の討伐で功績が認められ、グエン王朝では外交などでも手腕を発揮した。一八三二年に没したが、城の北側五〇〇メートルに大きな稜墓が建設された。その稜は、個人の墓とは思えないほど広い。このズエット将軍だが、宦官《かんがん》だったと書かれている書物もある。しかし、妻も子もいたのは事実だ。そのため、子は養子で妻は形式的な存在だったという、こじつけのような話さえある。真偽のほどは不明だが、グエン王族の家系ではないのに高級官僚になったのは異例だった。

＊レ・バン・ズエット稜「Lăng Lê Văn Duyệt (Bà Chiểu)」1 Vũ Tùng, phường 1, quận Bình Thạnh

この八卦城は一八五九年のフランス軍による攻撃であっけなく陥落してしまった。現在、その城跡は残っていないため場所と大きさについては諸説あるようだ。一七九〇年に完成したのち、一八三七年に出城が増築されていることも誤解の種となっている。最初に建築された城壁は長すぎたため、守るのに不利だと判断された。そこで一八三七年に一回り小さな出城が建設された。そのため、「サイゴンには城が二つあった」と書かれている文書もある。

## ＊サイゴン米

サイゴンは高値で取引される熱帯性農産物の集積港だった。大規模なプランテーションで産出されるコーヒー、コショウ、粗糖などさまざまな商品がサイゴンに集積される。それら農産物のなかで、輸出の主力商品は米だった。ベトナム南部から現在のカンボジア領内にかけては大穀倉地帯のメコンデルタが広がっている。メコンデルタは大河メコンがもたらす膨大な累積によって肥沃であり、太陽と水にも恵まれている。そのため、田植えから三ヶ月で米が収穫できる。

その米を日本は大量に買っていた。二〇世紀の初頭、日本は日清日露の戦役を経て太平洋戦争へ突入していく時代だった。軍備には多くの予算を費やしていたが、作柄の悪い年には飢饉が発生して餓死者まで出るような状態だった。昭和のはじめに発生した昭和東北大飢饉（註4）は日本史上最悪の犠牲者を出した。また、食料不足による米騒動は明治期以降も数十件発生している。

昭和のはじめの頃まで、日本人は現在では考えられないほど大量の米を食べていた。宮沢賢治は『雨ニモマケズ』のなかで「一日ニ玄米四合ト味噌トスコシノ野菜ヲタベ」と書いたが、それは大食いをしないという意味だ。昭和初期の軍隊や刑務所の規定によれば男性には日に六合の米を供給することになっている。しかも、江戸期の終わりからは人口が急増したため米が慢性的に不足していた。そのため、日本で不足した分を海外から輸入した米、いわゆる外米に頼っていた。日本では明治の初頭から米の輸入をはじめた。朝鮮や台湾からも米を取り寄せていたが、それに数倍する量の米をベトナムから輸入していた。

同じアジアの米穀生産地として有名なシャム（タイ）やインドでは英領の支配地域へ輸出されることが多かった。それに対しベトナム産の米は香港市場を通じて日本へ送られることが多かった。その後には香港市場を経由せずに直接日本へ送られる割合が徐々に増えていった。

一八九八年（明治三一年）に発行された田口晋吉の『米の経済』（大日本實業学會）にはこんな記載がある。

「日本に輸入する米穀は柴棍《サイゴン》を第一とし朝鮮支那を第二とし之に次ぐは…」

この「柴棍を第一とし」というのは輸入量が一番多いという意味だ。実際の統計でも朝鮮米やシャム米に比べてサイゴン米の輸入量は一桁多かった。米の輸入量はその年の作柄や社会状況によって変わるが、同書によれば日清戦争が勃発した一八九四年（明治二七年）には約八四〇万円（当時）の外米を輸入している。その過半数である五八〇万円がサイゴン米であり、朝鮮米は八〇万円、支那米は七〇万円、などとなっている。その年の外米相場が一石（一五〇キロ）で五・七円なので輸入量は約一五〇万石（約二二万五〇〇〇トン）と推定される。

同書を見ると外米に対する当時の評価がわかる。

「南京米と称するものは主に柴棍米にして一種の臭気あり粘気なく下等労働者漁民等の消費に充つるのみ／特に精米せしものを輸入する時は其臭気一層激甚なるものあり」

どうもベトナム産の長粒米（インディカ種）は日本では好まれなかったようだ。その独特の香りは南アジアでは好まれている。特に香りが強い品種は「ジャスミン・ライス」などと呼ばれていて値段が高い。しかし、長年ジャポニカ種を食べてきた日本人にとっては異臭だったのだろう。同書では麦を混ぜて炊く麦飯にすることを勧めている。

一方、朝鮮米は同じジャポニカ種なので日本人の口に合っていたようだ。北大路魯山人の『日常美食の秘訣』（火土火土美房、一九四七年）に朝鮮米の記述がある。

「うまい米といえば、その昔、朝鮮で李王さまにあげるために作っていた米がある。これはすこぶるうまかった」

朝鮮米については「品質が均一ではない」とか「ゴミや小石がよく混ざっている」などの批判もあったようだが、味は悪くなかった。そのため、朝鮮での収穫量はそれほど多くなかったにもかかわらず、日本へ大量に送られた。そして、朝鮮で足らなくなった分は外米で補う、ということもあったようだ。

インドシナ半島で生産された米の主な積み出し港はサイゴン港だった。フランス統治時代、ベトナムからはさまざまなものが出荷されている。北部ではセメント、中部では塩や水産加工品なども各地方の港から出荷されていた。サイゴン港における主力商品は量的にも金額的にも米だった。サイゴン米の売り買いだけでなく、仲介、精米、輸送などを含めると莫大な利益が発生した。

都市の経済が発展すればその都市の人口は増えるものだ。年々増大する米の輸出量に比例して、サイゴンを中心とするベトナム南部の人口も急増した。一八八〇年に米の輸出量は二八万四〇〇〇トン（人口一六八万人）だったものが、一九〇〇年には七四万七〇〇〇トン（二九四万人）となり、一九三七年には一五五万トン（四四八万人）となった。〈註5〉

米の取引量増大にともない水上交通による大量輸送を可能とするためサイゴンとその周辺部には大小の運河と多くの船着場が建設された。メコンデルタではこの時代に造られた運河の総延長が一六〇キロにも達した。
大きな運河は現在でも残っていて農産物などの輸送に利用されている。毎年正月が近づくと、こぼれんばかりに生花や果物を満載した舟がホーチミン市の運河に数多く集まってくる。色とりどりの花や果物を満載した船を見るとホーチミン市民は正月が近いことを実感するそうだ。また、ベトナムで最初に敷設された鉄道は、米倉庫が並ぶ中国人街のチョロンと積み出し港であるサイゴンの間を走った。
都市の発展にはさまざまなパターンがある。サイゴンの場合は大型船が接岸できる港を造ったことで流通業を中心とするさまざまな産業が発展した。そして、この時代から「東洋の真珠」と呼ばれるサイゴンの繁栄がはじまった。

**【註】**

〈1〉コロニアル様式
植民地様式とも呼ばれる。ヨーロッパの建築様式を植民地の気候に合わせたもの。
〈2〉ファン・ボイ・チャウ
一九〇五年に来日し犬養毅、大隈重信らへ独立運動への支援を要請したが拒否された。その後、人材育成のため若者を日本へ留学させる東遊（ドンズー）運動をはじめた。
グエン・ティ・ミン・カイ

一九三〇年インドシナ共産党へ入党、コミンテルン東方支部ではホーチミンの秘書を務めた女性革命家。

〈3〉タイソン党

一八世紀末、ベトナムでは豪族グエン氏の圧政に不満を募らせた武装集団が反乱を起こした。彼らは最初に蜂起した地名からタイソン党とよばれた。

〈4〉昭和東北大飢饉

一九三三(昭和八)年から三年続いた東北地方の冷害により米の収穫量は極端に落ち込んだ。当時は世界恐慌の影響により都市部へ出稼ぎに行っても職はなく、娘の身売りなどが数多く発生した。こうした政府への不満は二・二六事件の背景にもなった。

〈5〉帝国書院『ユニバーサル新世界史資料』

# 第二章

# サイゴンの表玄関 メーリン広場から

聖母教会。サイゴンの人は誰もが親しみを込めてこう呼ぶ。

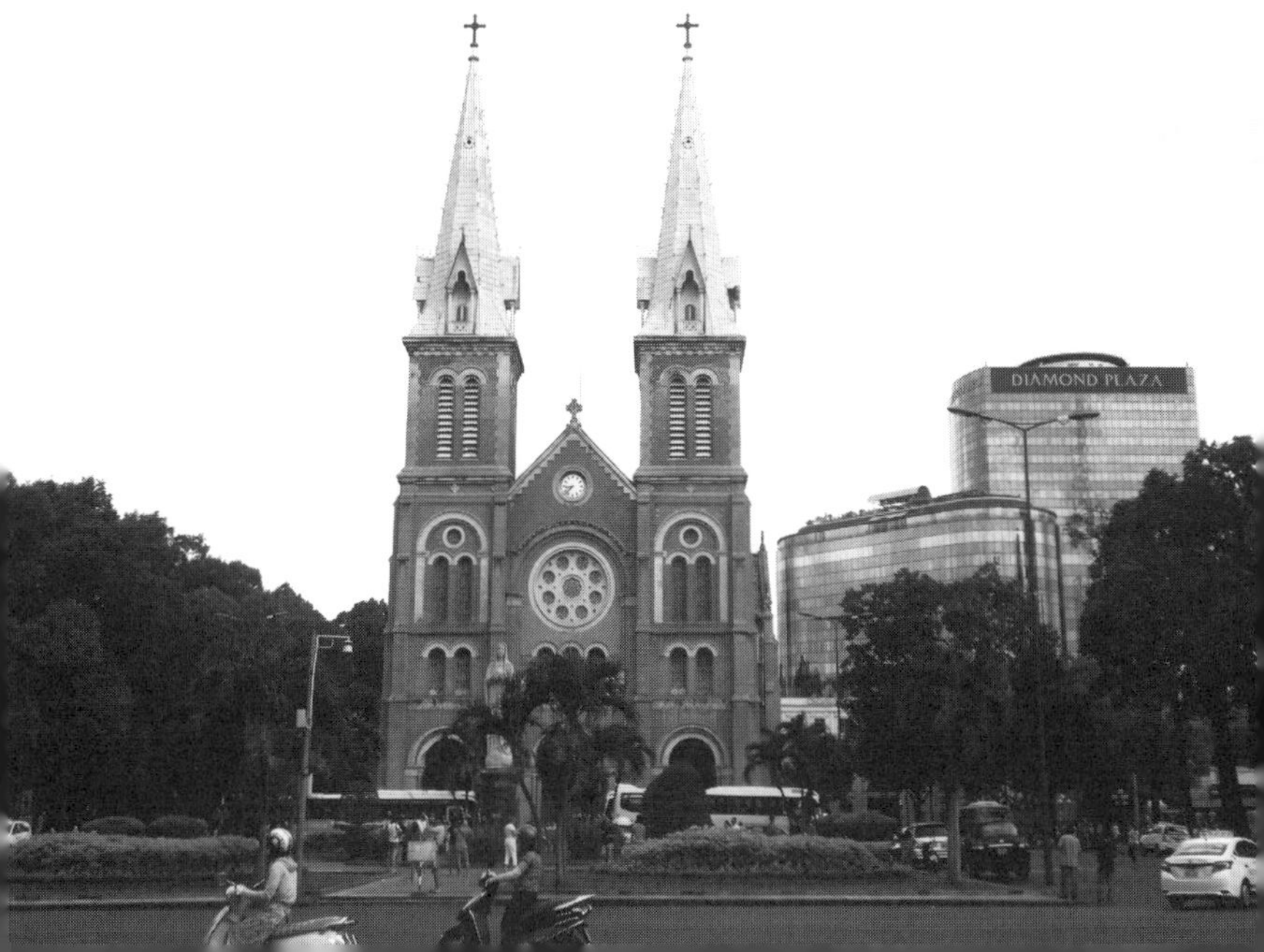

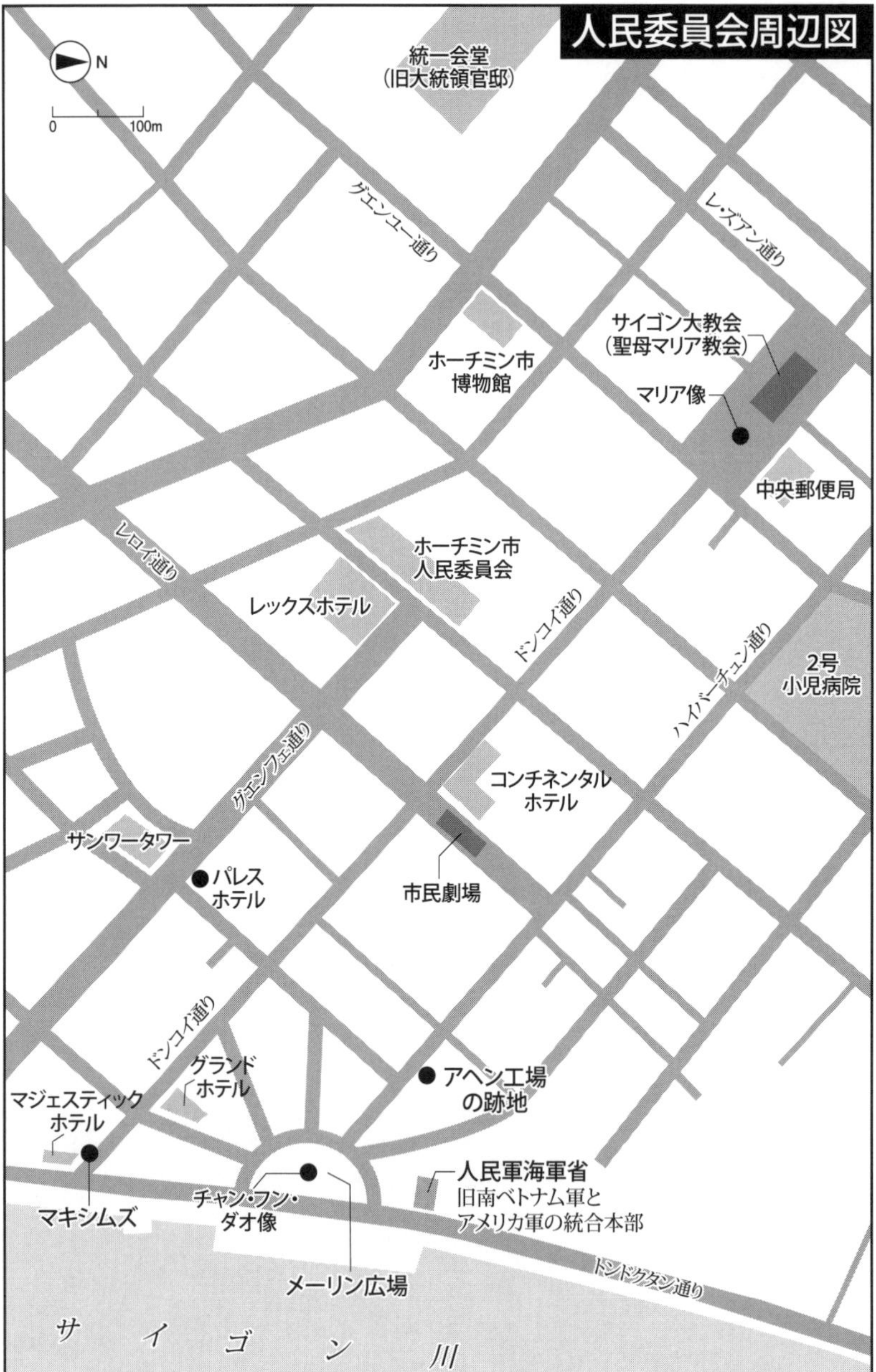
人民委員会周辺図
N
0
100m
統一会堂
(旧大統領官邸)
グエンユー通り
レ・ズアン通り
サイゴン大教会
(聖母マリア教会)
ホーチミン市
博物館
マリア像
中央郵便局
レロイ通り
ホーチミン市
人民委員会
レックスホテル
ドンコイ通り
ハイバーチュン通り
2号
小児病院
グエンフェ通り
コンチネンタル
ホテル
サンワータワー
パレス
ホテル
市民劇場
ドンコイ通り
グランド
ホテル
アヘン工場
の跡地
マジェスティック
ホテル
人民軍海軍省
旧南ベトナム軍と
アメリカ軍の統合本部
チャン・フン・
ダオ像
マキシムズ
メーリン広場
トンドクタン通り
サ イ ゴ ン 川

## ＊メーリン広場

サイゴン港は一八六〇年に開港した。スエズ運河が一八六九年に開通したことで、ヨーロッパから極東への航行日数は大きく短縮された。二〇世紀初頭の統計では年間三〇〇隻以上の蒸気船がサイゴンへ入港している。一番多かった外国船は宗主国のフランス、二番目はイギリス、そして日本船も三番目に多かった。サイゴン港は四〇隻以上の汽船が同時に停泊可能であり、二万トンクラスの大型船でも船付けすることができた。

サイゴンへ入港するには、河口で水先案内人を乗せて、半日がかりでサイゴン川を遡《さかのぼ》らなくてはならない。川の両岸にはマングローブのジャングルが広がり野生動物の楽園になっている。迷路のように入り組んだ河口域を進むと聖母教会の尖塔が見えてくる。やがて、両岸のマングローブが途絶えて、サイゴンの街並みが姿を現す。

現在のサイゴン港は二キロほど下流に移転しているが、かつてはメーリン広場前の大桟橋がサイゴンの表玄関だった。この大桟橋から上陸したならば、広場の中央にある大きな銅像が目に入ったことだろう。サイゴン港は、この銅像より北側は軍用、南側は商用に分かれていた。

メーリン広場で最初に建てられた銅像はフランスの戦勝記念として、三人のフランス軍人像だった。一九五四年、第一次インドシナ紛争に敗れてフランス軍が撤退すると軍人像は取り壊さ

メーリン広場のチャン・フン・ダオ像。

れて、ハイ・バー・チュンの像に建て替えられた。その後、一九六三年に起きた軍事クーデターの混乱によりハイ・バー・チュン像は取り壊されてしまった。そして、一九六七年に現在のチャン・フン・ダオ像になった。

　ハイ・バー・チュンとは、ベトナムで語り継がれている女傑、チュン・チャックとチュン・ニィ姉妹のことだ。ベトナムは紀元前一世紀から歴代中華王朝の支配下にあった。遣唐使として唐の都へ渡った阿倍仲麻呂[註1]が八世紀に安南《あんなん》都《と》護《ご》（ベトナムの長官）になったのもそのためだ。

　紀元後一世紀のこと、チュン姉妹は漢王朝から派遣された太守の悪政に抗議して反乱を起こした。当時は地方税の徴収権がベトナム側から漢に移ったことで不満が累積していた。直接の契機となったのは姉チュン・チャックの夫チイ・サックが処刑されたことだといわれている。これをハイ・バー・チュンの乱といい、ベトナムでは小学校の教科書にも記載されている。漢は、ただちに軍を送って反乱勢力を討伐し、姉妹の首は洛陽の都へと送られた。

現在、このチュン姉妹は民族独立のシンボルとして、ベトナム各地にある道路や地区の名称として数多く使われている。出版物も多数出回っているが、美談に仕立てられているものが多い。チュン姉妹の最期についても「雲に乗って飛んでいった」などさまざまな伝承が物語となっている。

注目してほしいのは反旗を翻したのが女性だったことだ。その後は儒教の影響で女性の高官はいなくなるのだが、この時代のベトナム王朝には女性の大臣や長官が多数在任している。一五世紀の法律「黎朝刑法」では家督の相続権が女性にも認められている。一九世紀の財産委譲契約書で、女性のサインによるものも実際に多数残っている。日本ではアジア太平洋戦争以降でないと家督相続などの権利は女性に認められていなかった。しかし、ベトナムでは、そのはるか以前から女性の公的権利が認められていた。現在のベトナムは、いわゆる〝カカア殿下〟の国だ。家庭内での最終決定権はその家の女将さんが握っている。ベトナムがカカア殿下になったのには歴史的経緯がある、といったら言い過ぎだろうか。

ハイ・バー・チュンの次に建てられたのがチャン・フン・ダオ将軍の像だ。ダオ将軍は国を守った英雄として語り継がれている。鎌倉時代の一二七四年と一二八一年、元王朝は日本征服をもくろみ二度にわたり軍隊を送った。この戦役は元寇《げんこう》、あるいは蒙古《もうこ》襲来《しゅうらい》と呼ばれている。これと同時期、ベトナムにも蒙古は一二五七年から一二八七年にかけて三回襲来している。日本では突如吹き荒れた「神風」によって蒙古軍は壊滅したといわれているが、ベトナムでは戦闘により撃退している。そのときのリーダーがチャン・フン・ダオ将軍だった。

ダオ将軍はベトナム国王の兄の子だった。蒙古が大軍で攻めてきたとき、国王は恐れおののいて降伏しようとした。そのときダオ将軍は「蒙古に服従するくらいなら、わたしの首を切り落としてほしい」と、国王をいさめた。

当時のベトナムは現在の北部地域だけが領土であり中部地方を支配していたのはインドネシア系のチャンパ族だった。そのチャンパ族と戦争をしている最中に北から蒙古の大軍が押し寄せてきたのだ。ダオ将軍が最初にやったことは敵対していたチャンパ族と和議を結んだことだ。蒙古は共通の敵であることを説き、チャンパ族と共に抗戦した。数に劣るダオ将軍の軍勢はゲリラ戦の遊撃によって敵を悩ませた。特に川の干満を予測して敵の舟を攻撃した話は有名だ。ベトナム戦争でも地の利を生かした攻撃でアメリカ軍を悩ませたが、ベトナム人は昔から遊撃戦を得意としていたようだ。このダオ将軍は後に大王の称号を与えられたが、生涯王宮には住まずに軍船で寝起きしていたと伝えられている。

今、サイゴン川畔からメーリン広場のロータリーを見渡すとロータリーの右側にクリーム色の

サイゴン港の表玄関に作られたマジェスティックホテル。

古めかしい建物があり、入り口にはセーラー服の歩哨が立っている。ここは現在ベトナム海軍省が使用しているが、建てられた当初はフランス・インドシナ海軍の司令部だった。そして、ベトナム戦争中は南ベトナム軍の参謀本部として使われていた。

## ＊マジェスティックホテル

ロータリーを海軍省とは反対側に進むと白亜の＊マジェスティックホテルが見えてくる。一九二五年に開業したこのホテルは資産家の華僑によって建設された。ベトナムを代表する資産家だった黄文華（フランス名Jean Baptist Hui Bon Hoa）は昭和一七年の『東京朝日新聞』（一九四二年九月一七日付）でも「佛印を代表する億万長者」として紹介されている。

黄氏は米の貿易により一代で莫大な資産を築き上げ、不動産業に進出した。サイゴンを中心に二万軒以上の

ホーチミン市美術館。ベトナムを代表する資産家、黄氏の社屋だった。

物件を所有し、サイゴン駅前に社屋を構えた。社屋は、マジェスティックホテルと同じフランス人の建築家が設計した。内外の装飾には、ヨーロッパから輸入した建材をふんだんに使用した。その社屋には、当時としてはとても珍しかった電動エレベーターも設置された。この社屋は現在でも同じ場所に存続し、*ホーチミン市美術館となっている。黄氏は篤志家としても有名で、サイゴンの〝ホア叔父貴〟という通称で知られていた。

彼の死後は息子たちが資産を引き継ぎ、インドシナ全域で質屋を経営するなど業務を多角化していった。そんな黄一族がサイゴン港の表玄関に贅を尽くして建設したのがマジェスティックホテルだ。また、一族は、社会貢献としてインドシナ産院（現ツーズー産婦人科病院）やサイゴン救命センター（現サイゴン総合病院）などの創設にも資金を提供している。

一九七五年、黄一族はサイゴン解放の直前にパリへ移住している。彼らだけでなくベトナムで財をなした華僑は、その九割以上が海外へ出国した。現在でも、パリにあるアパルトマンの家主は中国系ベトナム人であることが多いのはそのためだ。

サイゴン解放の三日前となる一九七五年四月二七日の未明、サイゴン川の対岸から五発の一二二ミリロケット砲が発射された。そのうち一発はマジェスティックホテルの最上階に着弾した。最上階の八階は吹き飛び、七階の一部も損傷した。当時、外国人ジャーナリストが集まる宿としてこのホテルは有名で、開高健氏も一〇三号室を定宿としていた。しかし、戦局が急変したこの時期に宿泊客はおらず、犠牲となったのは屋上で寝ていた守衛一人だけだった。現在、最上階は修復されていて、サイゴン川を眺望できる半屋外のレストラン・バーとなっている。

＊マジェスティック・ホテル「Khách sạn Majestic」1 Đồng Khởi, Quận 1
＊ホーチミン市美術館「Bảo tàng Mỹ thuật Thành phố Hồ Chí Minh」97 Phó Đức Chính, Quận 1

レストラン・マキシムズ。ここのランチはお勧めだ。

## ＊ドンコイ通り

サイゴン川に沿って走るトン・ダク・タン通りで、マジェスティックホテルの角を起点とするのがドンコイ通りだ。この道はカチナ通りと呼ばれていたがジュネーブ協定（一九五四年）、サイゴン解放（一九七五年）などの政変のたびに名称は変更され現在はドンコイ通りとなっている。ドンコイ通りとその界隈は昔から高級な店が並ぶ繁華街だった。一九四四年に発行された『南方見学』（小山嘉壽榮著、アルス社）という旅行記には、「サイゴン銀座」などと紹介されている。その当時にはイギリス仕立てのテーラー、香港の洋行（舶来品店）などが軒を連ねていた。現在でも、ルイ・ヴィトン直営店などの高級店がこの通りにある。

ドンコイ通りで、マジスティック・ホテルのとなりにあるのがレストラン・マキシムズだ。ここは、ベトナム戦争が終わるまで高級なナイトクラブだった。店に入ると、フロアーの中央が一段低くなっている。これはダンスフロアーがあった名残で、その奥にはステージが設けてある。ナイトクラブになる前は一九三四年開業のマジスティック・シネマという映画館だった。そのため、現在でも中二階席が残っている。この映画館では「無法松の一生」とか「姿三四郎」のような日本映画も上映されていたそうだ。

この店は、サイゴン解放と同時に北ベトナム軍に接収されてサイゴン地区の軍事指令本部となった。その後、返還されてベトナム料理のレストランとなっている。このレストランは格式ある高級店で、味やサービスは折り紙つきだ。また、ランチならば値段もそれほど高くない。そのため、日本から来る方にもお勧めしたい。

## ＊グランドホテル

レストラン・マキシムを出て、サイゴン川と反対に五〇メートルほど進むと右側にグランドホテルが見えてくる。一九三〇年開業のこのホテルは何度も改装されている。しかし、歩道に張り出したアーチ型の軒先は当時から変わらない。開業後は何度も屋号を換え「西貢《サイゴン》大旅館」という看板を出していたこともあった。そして、二〇世紀末に国営サイゴンツーリストの経営になってから最初の名称である「グランドホテル」にもどった。

グランドホテル。歩道に張り出した軒先は、1930年の開業から変わらない。

グランドホテルを創業したのはアンリ・シャビーニというサイゴンの実業家だった。彼は新聞社の社主であり、サイゴンの北東六五キロには大規模なプランテーションを所有する資産家だった。また、保守系政治結社「コーチシナ植民地会議」の総裁でもあった。

アンリ・シャビーニは一八八三年にサイゴンで生まれた。学生時代はフランスで過ごし、卒業後はサイゴンに戻って税関局の官吏となった。その後、サイゴンで発行されているフランス語の新聞社に入社した。新聞の編集員となってからは頭角を現し、三四歳で編集長に抜擢された。

四三歳のときフランス語新聞「La Depeche」を創刊した。当時のサイゴンで主要紙はフランス語か中国語だったが、この新聞はもっとも発行部数が多い新聞となった。彼が主宰するこの新聞は極めて保守的（右翼的）な思想の新聞として有名だった。

当時のフランス本国では、それまで右肩上がりだった経済が停滞していた。そしてまた、日本やドイツなど新興国は急激に軍備を拡張していた。そのため、フランスは経済的にも軍事的にも将来を楽観視できない時代だった。そんな時代背景のなか、特権階級の権利を主張する彼の新聞は既得権益にしがみついているサイゴンの保守層から支持されていた。

一九四一年にはアジア太平洋戦争が勃発し、一九四五年まではサイゴンにも日本軍が進駐した。そんな激動の時代でも彼の新聞は植民地の保守層から支持され続けた。太平洋戦争の終戦直後、ホーチミンはフランスからの民族独立を宣言し、第一次インドシナ紛争がはじまった。ベトナム各地では、それまで水面下にあった左翼陣営の活動が活発になった。極端に保守的だった彼の新聞は過激派の標的となり、彼のもとには何度も殺害予告が舞い込んだ。それでも彼の新聞は特権階級の優位性を主張し続けた。

彼のオフィスは大統領官邸に近いエビアン通り（現チャン・クオック・タオ通り）にあった。一九五一年一月一二日の正午過ぎ、彼がオフィスを出てクルマに乗り込むと後ろから一台のジープが急発進した。ジープは彼が乗っているクルマを強引に追い越して道をふさいだ。そして、彼が乗っている後部座席に二発の手榴弾が投げ込まれた。

彼は即死し、運転手も重症を負った。手榴弾が車内に投げ込まれたとき、彼はとっさに拾おうとしたらしい。右手の損傷が一番ひどくて、体から引きちぎれていた。彼の葬儀はサイゴン聖母教会で行われ、遺骸はサイゴン市内の外人墓地に葬られた。

## コラム　外人墓地（現レ・バン・タム公園）

かつてのサイゴンはベンゲー運河、サイゴン川、チゲー運河に囲まれた地域だった。この地域は現在のホーチミン市中心街に相当する。フランス植民地政庁はその地域内に一ヶ所だけ大規模な墓地を造った。マチジェス墓地、マック・ディン・ティー墓地など、時代によって名称は代わるが、サイゴンの人たちからは西洋墓地と呼ばれていた。

その墓地はサイゴン港から北に伸びるナショナル通り（現ハイバーチュン通り）にあった。造られたのはフランス軍がサイゴンを占領した直後の一八五九年だった。侵略戦争によりサイゴンで戦死したフランスの将兵を早急に埋葬する必要があった。そのため、中心街から遠くないこの場所が墓地に指定された。この墓地は横浜や神戸にあるようないわゆる外人墓地で、埋葬されるのは西洋人と一部の特権階級だけだった。

当初は表通りに面した場所だけを墓地として使っていたが、順次拡張されて広大な墓地となった。敷地内の植木や花壇はサイゴン植物園の庭師が手入れをしていた。埋葬されていたのはフランス人が一番多く、軍の将校や政治家、メコン川探検で客死した冒険家などだった。次に多いのは商目的でサイゴンへ来たユダヤ系のドイツ人だった。ベトナム人でも大臣や将軍クラスの著名人はここに埋葬された。一九六三年のクーデターで殺害されたゴ・ジン・ジェム大統領もこの墓地に埋葬された。

日露戦争の戦没者もこの墓地に埋葬されていた。バルト海から回航してきたロシアのバルチック艦隊はベトナムのカムラン湾に集結して日本海へと向かった。そして、敗戦した帰路にもベトナムに立ち寄っている。負傷したロシアの将兵はサイゴンの病院へ搬送されたが、治療のかいなく戦死した将兵はこの墓地に埋葬された。

一九八〇年代に入るとサイゴンでは妙な噂《うわさ》がささやかれるようになった。この墓地の周辺にお化けが出るというのだ。

「純白のイブニングドレスを着た美女が腰までとどく銀髪を夜風になびかせて微笑みかける」などというわさがまことしやかに語られた。

これは長い間戦禍にまみえてきた影響かもしれないが、多くのベトナム人は亡霊の存在を本気で信じている。当時のホーチミン市役所には涙ながらに苦情を訴える市民が後を絶たなかった。そのため、ホーチミン市では暗い印象を払拭するために墓地を明るい公園へと造り直すことにした。

この計画では「墓地を壊わすと祟《たた》りがある」という意見もあった。しかし、当時の共産党幹部が「社会主義にお化けはいない」と、宣言して工事を強行した…というような話も残っている。

一九八三年、墓地取り壊しの計画が公式発表された。埋葬されている遺骸は期限内に遺族が取りに来るように言われた。しかし、百年も前に埋葬された外国人の遺骸を取りにくる人は少なかった。期限後も残った遺骸は火葬されて、別の墓地に葬られた。

この墓地には特権階級や時の権力者が多数埋葬されていた。そのため、大理石の重厚な墓石や高さ三メートルもある聖母像などもあった。しかし、それらはすべて処分されて、公園に整備された。そして、サイゴン解放一〇周年記念となる一九八五年に現在のレ・バン・タム公園となった。現在、この公園を隅から隅まで歩いてみても墓地だった痕跡はまったくない。


*レ・バン・タム公園「Công viên Lê Văn Tám」phường Đa Kao, Quận 1

市民劇場。パリのオペラ座を模して作られた。フランス人にとって、社交場は必須だった。

## ＊市民劇場

ドンコイ通りをさらに三〇〇メートルくらい進むと、左右のビルが途切れて道幅が広がる。交差点の手前左側には丸いドームを載せたレンガ色の建物がある。ここには一九五四年までフランス植民地政庁のコーチシナ財務総局があった。そして、その向かい側（右側）にある瓦屋根の建物は植民地政庁の税金局として建てられ、現在はホーチミン市文化体育局が使用している。その先は教会前の広場になっていて、右に回れば＊市民劇場とコンチネンタルホテルが見えてくる。この劇場とホテルは一九一〇年発行の『南国記』（竹越与三郎著、二酉社）に記述されている。

「オテル・コンチネンタルの左傍に劇場トラヴナタあり。巴里のテヤートルフランセーの如し。

佛人はかかる天涯にありてもなほ演劇なしには生活すること能《あた》はざるは、なほ日本人が地角を極めても沢庵《たくわん》なしに生活すること能はざるが如《ごと》し」

ヨーロッパの上流階級にとって劇場は主要な社交場だ。また、庶民階級にとっても観劇は最大の娯楽だった。一九世紀の占領直後からフランス人は空き地に小屋掛けをして演劇を上演していた。当時はアジアの欧米植民地を巡業するヨーロッパの劇団があり、サイゴンでも興行している。サイゴンを占領したフランス政権は当初より立派な劇場建設を構想していた。一八七二年には現在カラベルホテルがある位置（市民劇場の右側）に木造の劇場を設けた。しかし、一八八一年に火事で消失してしまった。劇場はすぐに再建された。しかし、プチパリ建設を目指していたフランス政権は小規模な劇場に満足しなかった。紳士淑女が夜会服で集うような劇場を構想していたのだ。そして、現在の場所にパリのオペラ座を模した劇場を建設した。

市民劇場は二〇世紀の幕開けとなる一九〇〇年一月一日にコケラ落としが行われた。演目はサン・サーンスの「サムソンとデリラ」などヨーロッパ歌劇だった。

音楽家のサン・サーンスは一八九五年にサイゴンを訪れている。サイゴンの南にあるコンダオ島には刑務所があり、所長は古くからの友人だった。そのため、サイゴンから島に渡り一ヶ月間滞在している。滞在中に島で見た南国の花や小動物からさまざまな創作インスピレーションを受けたといわれている。

コンチネンタルホテル。人々は、軒先のcaféでコーヒーとおしゃべりを楽しむ。

市民劇場はアジア太平洋戦争時に爆撃を受けて一部が損傷した。戦時中、劇場のシンボルだった半裸の女神像は国策に合わなかったために撤去された。南ベトナム時代には国会の議場として使われたこともある。その後一九九八年に女神像は再建されて完成当時と同じ姿を現在でも見せている。

*市民劇場「Nhà Hát Lớn Thành Phố Hồ Chí Minh」
7, công trường Lam Sơn, Bến Nghé, Quận 1

## ＊コンチネンタルホテル

一八八〇年に開業したこのホテルはコロニアル様式としてサイゴンではじめて建設された。一九三三年にはエールフランスの極東便がベトナムにも就航している。サイゴンでのストップオーバー泊に指定されていたのはこのホテルだった。また、アカデミー賞を受賞したカトリーヌ・ドヌーブ主演の映画「インドシナ」（一九九二年上映）が撮影されたのもこのホテルだ。

前記『南国記』の著者はサイゴン港から上陸してコンチネンタルホテルに宿泊している。著者は船着場でホテルが差し向けた馬車に乗ってチェックインした。そして、よほど暑かったのか、何度もシャワーを使っている。

「余は白昼水浴を試みること二回、夜は三回…」

もしかすると、各部屋に設備されている大理石のシャワー室が珍しかったのかもしれない。

この著者はサイゴンの街を見てヨーロッパ様式だがイギリス風ではなく、フランスのパリを連想すると書いている。パリを連想するもっとも大きな要因は街角のカフェにあったようだ。当時からサイゴンでは街のいたるところにカフェがあり、欧米人でにぎわっていた。

「通街大道の対する料理店の軒先にカフェを設け、衆客此処に群居し行人を望見しながら飲食談笑す… オテル・コンチネンタルの如きも一半はホテルにして一半はカフェなり」

南国記が書かれてから一〇〇年にもなるが、現在でもこの景色は同じかもしれない。木陰のカフェでくつろぎ、時間を気にせずコーヒーとおしゃべりを楽しむ、というのがサイゴン流だ。

ホテル・コンチネンタルでは、現在でも歩道にカフェのテーブルを並べている。ただし、風の強い日はホテルの中庭にあるカフェの方がいいだろう。ベトナムのコーヒーはコクがあるエスプレッソが有名だが、南部ではアイスコーヒー〈註2〉で飲むことが多い。コーヒー以外にはレモンスカッ

サイゴン中央郵便局。パリのエッフェル塔やニューヨークの自由の女神を設計したエッフェルの設計だ。

シュや果物のスムージーもお勧めしたい。

*コンチネンタルホテル「Khách sạn Continental Saigon」132 - 134 Dong Khoi, Quận 1

## *サイゴン中央郵便局

聖母教会前の広場にはマリア像があり、その右側にある古い駅舎のような建物が*サイゴン中央郵便局だ。

サイゴンではフランスが占領してまもない一八六四年より郵便と電信の近代郵便事業が開始された。一八八八年には中部のダナンなど主要都市を経由して、ハノイまで二〇〇〇キロの電信線が敷設された。翌年の一八八九年にはサイゴンからタイのバンコクまで電信網が伸びている。その後、二〇世紀の初頭に

アーチ型の天井は、パリのオルセー駅をモデルにデザインされた。

はマレーシアへの海底ケーブルも敷設されて、直接電信が可能となった。

　当初からサイゴン郵便局は現在と同じ場所にあったが、規模の小さい建物だった。一八八六年から建て替えの工事がはじまり、一八九一年に現在の郵便局が完成した。入り口にある大時計の下に〝一八八六―一八九一〟という文字があるが、これは建設の開始と完成を表している。

　外壁の柱には一九の人名が刻まれている。これは電気や通信に功績があった科学者の名前だ。モールス信号のモールス（Morse）、電流を定義したアンペア（Ampere）、オームの法則のオーム（Ome）などの名前が並んでいる。パリのエフェル塔（一八八七年）にも七二人の科学者名があるが、それになぞらえたのかもしれない。

中に入って天井を見上げると、アーチ型に組み合わされた鋼材が美しい曲線を構成している。これは現在では美術館となっているパリのオルセー駅をモデルとしてデザインされた。建物の設計をしたのはギュスターヴ・エッフェルだった。パリのエッフェル塔やニューヨークの自由の女神を設計したエッフェルはベトナムでもいくつかの建築を残している。そのうち、ホーチミン市の*モン橋、ハノイ市のロンビン橋、フエ市のチュンティン橋などは現在でも残り、橋として機能している。

*サイゴン中央郵便局「Bưu điện trung tâm Sài Gòn 」2 Công xã Paris, Bến Nghé ,Quận 1
*ホーチミン市のモン橋「cầu Móng」 rạch bến nghé」Phường Bến Nghé, Quận 1

## *サイゴン聖母教会

*聖母教会のフランス語表記は〝Công xã Paris, Bến Nghé, Quận 1〟という。そのため、ガイドブックなどではノートルダム大聖堂と紹介されていることもある。ベトナム語での正式名称を聞いたところ〝Vương cung thánh đường Chính tòa Đức Mẹ Vô nhiễm Nguyên tội 〟(無原罪受胎聖母大聖堂)というそうだ。しかし、ホーチミン市の人たちはこの名称で呼ぶことはない。誰もが親しみをこめて〝聖母教会〟と呼んでいる。

カトリック教徒のフランス人にとって、教会はなくてはならない施設だ。そのため、一八五九年のサイゴン占領と同時に教会の場所探しがはじまった。当初はサイゴン港に近いグラン運河（現在のグエンフエ通り）の西岸にあった仏教寺院の屋根に十字架を建てて教会とした。その後、一八六五年に現在の聖母教会が建っている位置から一〇〇メートルほど東側にヨーロッパ様式の礼拝堂を建設した。しかし、このとき建てられた礼拝堂は木造だったためシロアリに侵食されて建築早々に傷んでしまった。そのため、フランス植民地政庁は新たな教会建設を計画した。

建設するのはフランスの国威を誇示するような堂々たる大聖堂でなければならない。設計は公募されて一八件の応募があった。その中からパリの建築家ジル・ブラーの作品が選定された。それはパリのノートルダム大聖堂を模し、左右に尖塔があるデザインだった。

一八七七年一〇月から建築がはじまった。しかし、当時のベトナムには高層建設に使用する高品質な鋼材やセメントなどの生産工場がなかった。そのため、建築材料のほとんどはフランスから取り寄せられた。記録によれば外壁のレンガからネジ一本に至るまで、すべてがフランス製なのだという。教会内部で南国の日差しに照らされて輝く五六枚のステンド・グラスもマルセイユ港から運ばれたものだ。

一八八〇年に教会は完成し、四月一一日に開幕の式典が挙行された。その日は、キリストの復活を祝うイースターの祭日であり、着任したコーチシナ提督の就任宣誓式も併せて行われた。

サイゴン聖母教会。外壁のレンガからネジ一本に至るまでフランス製だ。

左右にある塔には大小さまざまな合計二八・八五トンの鐘が吊るされている。正面から見て左側には〝ラ〟と〝ド〟の音色がする鐘があり、右側は〝レ〟、〝ミ〟、〝シ〟、〝ソ〟の音色がする鐘がある。高層ビルがなかった当時は一〇キロ先にも鐘の音が響き渡ったそうだ。

建設当初、この塔には現在ある三角の尖塔がなく平らな屋根だった。一八九七年、左右の尖塔が付け足され、高さは五七・六メートル、その上の十字架まで合わせると六〇・五メートルとなった。建設地は平地であるサイゴンのなかでも比較的小高い場所が選ばれた。また、当時は大きなビルもなかったため、サイゴン港に入港する船は尖塔の十字架を目指して航路をとったといわれている。

聖母教会前に立つマリア像。2005 年、このマリア像が涙を流したという。

建築が完成したときからサイゴンにおけるキリスト教の本拠はこの聖母教会となった。それまで使われていた礼拝堂とその敷地はラサール・タベールというリセ（中・高等学校）になった。このラサール・タベール校はサイゴンでも屈指の名門校として一九七五年まで続いた。現在では*チャン・ダイ・ギア中学校となっているが、校舎の一部には一九世紀の建築が残っている。以前に用事があって、この学校へ行ったことがある。案内してくれた職員は自慢するような口調で足元を指差した。

「ほら、見てください。この学校はサイゴン時代からあるんですよ」

校舎の廊下部分には素焼きタイルが使われている。その廊下の生徒がよく通るところだけがすり減っていて、一〇〇年の歳月を感じさせる。

聖母教会前の広場はベトナム戦争中の一九六四年より「J・F・ケネディ広場」と呼ばれることになった。しかし、戦争が終結した一九七五年からは「パリ・コミューン広場」に名称が変更された。この広場にある大理石のマリア像は一九五八年にイタリアで制作されたものだ。現在の像は二代目で、以前はフランス人司祭の銅像がここにあった。司祭像は一九四五年に撤去され、長らく花崗岩の台座部分だけが残されていた。そして、一九五九年に〝ルルドの聖母出現〈註3〉〟一〇〇周年を記念して、マリア像が建てられた。

これは二〇〇五年のことだが、このマリア像が涙を流すと評判になった。新聞に載った写真を見ると、なるほど涙を流しているように見える。このときは熱心な信者はもちろん、信者ではない人までが連日数万人押しかけて、教会の周辺は通行止めになる騒ぎだった。

*聖母教会「Nhà thờ Đức Bà」Công xã Paris, Bến Nghé, Quận 1

*チャン・ダイ・ギア中学校「Trường trung học Trần Đại Nghĩa」53 Nguyễn Du, Phường Bến Nghé, Quận 1

**【註】**

〈1〉阿倍仲麻呂

奈良時代の遣唐留学生。科挙に合格して唐朝廷の高官となった。日本への帰国を望んでいたが果たせずに客死した。百人一首に選ばれた仲麻呂の和歌は望郷の思いを詠んだといわれている。「天の原　ふりさけみれば　春日なる　三笠の山に　いでし月かも」

〈2〉アイスコーヒー「cà phê đá」、クリーム入りアイスコーヒー「cà phê sũa đá」、レモンスカッシュ「soda chanh」、スムージー「sinh tố」

〈3〉ルルドの聖母出現

一八五八年、南フランス、ピレネー山麓のルルド村で「少女ベルナデッタの前に聖母マリアが出現した」というローマ教皇庁認定の奇跡。

# 第三章

# レ・ズアン通りとグエンフエ通り

ホーチミン市庁舎の前に立つホーチミン像。

## ＊レ・ズアン通り

統一会堂（旧大統領官邸）の正門前には〝四月三〇日公園〟の芝生が広がり、その中央をレ・ズアン通りが貫いている。この大通りの名は一九六九年に死去したホーチミン主席の跡を継いで党を率いてきたレ・ズアン第一書記（一九〇八―一九八六）に由来する。以前はノロドム通りと呼ばれていて統一会堂の建設に並行して整備された。フランス統治時代よりサイゴンでの軍事式典やパレードはこの大通りで行われることが多かった。それは現在でも同じで、二〇一五年に一万人が参加した南部解放四〇周年記念のパレードもこの通りで行われた。

統一会堂正門前の公園から大通りを進むと聖母教会裏のロータリーになる。ロータリーの左側二〇〇メートルのところには塔が建ち、その下は池になっている。ここには一八七八年建設の給水塔があった。そして、タンクが六角形（亀甲形）だったため〝亀池〟と呼ばれた。現在では給水塔はないが、池だけが残り、市民の誰もが〝Hồ Con Rùa（亀池）〟と呼ぶ。

レ・ズアン通りにもどり、ロータリーを越えると右側に素焼き瓦を載せた二階建てが見える。この建物はインドシナ軍の将校クラブだったが、現在ではホーチミン市一区の人民委員会（区役所）として使われている。サイゴン時代、このあたりには各国の対外公館が設営されることが多かった。そして、現在でも同じ場所に残っている対外公館もある。

旧アメリカ大使館。ベトナム戦争当時は、何度も攻撃の対象となった。

さらに進んでハイ・バー・チュン通りを渡ると左側に高い塀に囲まれたフランス領事館がある。レ・ズアン通り側は領事館の裏門なのだが、鋳物の門扉にはフランス革命の象徴とされるニワトリが見える。この場所はかつてインドシナ軍の歩兵師団があり、フランス大使館は地続きの裏手にあった。そのため、現在のフランス領事館の正門もこの大通りの裏側にある。

## ＊旧アメリカ大使館

フランス領事館のとなりにあるのがアメリカ領事館（かつての大使館）だ。以前のアメリカ大使館はハムギ通り三九番地にあった。しかし、遮蔽《しゃへい》物のない普通のビルだったためベトナム戦争中は何度も標的と

現アメリカ領事館。当時の大使館ビルは取り壊されて現在はない。

なった。一九六五年には自動車爆弾により多くの死傷者が発生した。そのため、インドシナ軍の師団本部だったこの場所に軍事攻撃を想定した建物を新築して移転した。

一九六八年の旧正月、テト攻勢と呼ばれる解放戦線の一斉攻撃があった。旧正月の期間は南北双方が戦闘を控えることが暗黙の了解となっていた。その慣習の裏を突く攻撃は七ヶ月前から準備され南ベトナムの主要都市に六万人の工作員が動員された。そして、一月三〇日の深夜から攻撃が開始された。サイゴンでは大統領官邸やラジオ放送局などとともにアメリカ大使館が攻撃目標となった。そして、一時的だが解放戦線はアメリカ大使館を占拠した。そのときアメリカ大使館を襲撃したのはわずか二〇数名で組織された決死隊だったそうだ。

攻撃が終わった各都市では南ベトナム側による捜

索がはじまり、工作員だと疑われた多くの人物が路上で銃殺された。このとき処刑されたなかには修道院のシスターなど無関係な一般市民も数多く含まれていた。

テト攻勢によるアメリカ大使館の攻防は映像で西側世界へ報道された。その映像はアメリカでのベトナム反戦運動に火をつけることになる。アメリカ政府は戦況は優位であり、もうすぐに勝利で終わるだろうと宣伝していた。ところがサイゴンの大使館が占拠されたことで、一般的なアメリカ国民も泥沼と化したベトナム戦争の実情を知ったのだ。

アメリカ領事館を左手に見ながら進むと青いガラス外壁の大きな建物がある。これはベンタイン劇場という劇場だ。この角から二軒目にほとんど廃屋のようになった平屋建てがある。そこはキリスト教のプロテスタント系教会だった。そして、通りをはさんだ向かい側にはイギリス領事館がある。イギリス大使館（現在は領事館）は二〇世紀のはじめからこの場所に開設されているが、建物は新築されて当時の面影はない。

さらに進むと左側に古い塀が一〇〇メートル以上も続いている。現在は薬科大学が使用しているこの敷地には、インドシナ軍の兵舎が並んでいた。さらに進むと社会科学・人文大学が見えてくる。交差点の大学とは反対側には自動車会社のショールームがあり、その右隣にはサイゴン神学校の白い塀が見える。

## *サイゴン神学校

一九世紀、サイゴンにはキリスト教の神学校が建設された。名称は「サイゴン*聖ヨセフ神学校」という。この時代、長崎にも神学校が建設されたようにヨーロッパの布教団体はアジアで活発な活動を展開している。サイゴンでの神学校建設を担当したのはドミニク会のルイス・テオドール・ウィバス神父だった。神父はベトナム南部の軍事的占領が終わっていない時期にヨーロッパを出発し、一八六〇年一月にサイゴンへ到着した。この時期、フランス軍はサイゴンを占領していたが、ベトナムの残存勢力との小競り合いは散発的に発生していた。神父はすぐに神学校を開いたが戦乱の余波を受けて校舎は焼失してしまった。

一八六二年、フランス植民地政庁は新たに神学校を建設することを許し、海軍工廠の占有地から一万四四〇〇平米の土地を与えた。また、それと隣接して聖パウロ・シャトルーズ女子修道会へは孤児院建設のため一万一〇〇〇平米の土地を与えた。一八六三年より神学校の建設がはじまり一八六六年に横幅四五メートルで四方をベランダで囲う校舎が完成した。一八七一年には礼拝堂も建てられた。サイゴンでの神学校創設に尽力したウィバス神父は一八七七年に亡くなり、学校の敷地内に埋葬された。

完成した当初、教師はウィバス神父を含む七人で学生は六〇名だった。その後、学生は序々に

女子修道院。孤児院も併せ建設された。

増加し、二〇世紀初頭には分校を設置するまでになった。アジア太平洋戦争の末期になると連合軍によるサイゴンへの空爆もはじまった。そのため、一九四三年から神学校はサイゴン郊外に疎開していた。そして、終戦後はサイゴンに戻って活動を再開した。その後、ベトナム戦争によってベトナム全土は戦場となったが、神学校は大きな被害を免れて、今でも同じ場所に存続している。

現在、この聖ヨセフ神学校の門は午前八時一五分から一一時、午後二時から四時に開放されている。施設内には一九世紀に使われた祭器が展示してある部屋もある。また、日曜日に礼拝堂で行われるミサに参加することもできる。ただし、あくまでも宗教施設なので、見学する場合は服装にご注意願いたい。タンクトップや半ズボンなどでは入場できない。
*聖ヨセフ神学校「đại chủng viện thánh Giuse saigon」6 tôn đức thắng Phường Bến Nghé, Quận 1

## *サイゴン動物園

レ・ズアン通りにもどり、大学の先に進むと大通りの終点でサイゴン動物園の外門に突き当たる。この動物園はベトナム語で「Thảo Cầm Viên」というが、これを漢字にすると〝草禽園〟となる。中国語の古地図では〝百草園〟あるいは〝百草花園〟と表記してある。ここは熱帯植物をコレクションする植物園としてフランス政庁により建設された。一八六四年、フランス軍総督の認可により建設が決定した。建設の責任者となったのはフランス海軍のルイ・ジャーマー獣医官だった。サイゴンの西の境界だったレヴァンシュ運河（現チ・ゲー運河）沿いに二〇ヘクタールの土地を占有し翌一八六五年から植物園は建設された。

一八世紀末から一九世紀にかけてヨーロッパではアジアやアフリカの珍しい生き物をコレクションする動植物園が競うように建設された。世界各地の植民地からは珍しい動植物が次々と送られてくるようになったのだ。最初に建設されたのはウイーン（一七九二年）で、それにパリ（一七九三年）がつづいた。ダブリン（一八三〇年）、アムステルダム（一八三八年）アントワープ（一八四三年）、ベルリン（一八八四年）なども建設されている。日本で上野動物園が建設されたの

サイゴン動物園内にある、ピエール氏の胸像。氏は、12年間園長を務めた。

も一八八二年だ。

サイゴンでは植物園を運営するためにカルカッタ植物園から生物学者のルイ・ピエール氏が招かれた。ピエール氏はその後一二年間園長を務め一〇万点以上の標本を収集した。ピエール氏の功績を讃えて、園内には胸像が設置してある。

一八六九年、パリ祭（フランス革命記念日）に合わせて七月一四日より植物園は一般公開されるようになった。二〇世紀に入るとトラやサルなど各種動物の飼育施設が整備された。そして、ジュネーブ協定によりフランスが撤退した後の一九五六年には〝植物園〟から現在の名称〝Thảo Cầm Viên〟（動植物園）に名称変更された。

一九一七年の旅行記『最近の南国』（坪谷善四郎著、博文館）では〝植物園兼動物園〟として紹介されている。旅行記の著者はコンチネンタルホテルに宿泊していた。ホテルがあるカティナ通り（現ドンコイ通り）をはさんだ向かい側には日本人経営の理髪店があった。そこの長男の案内により一行は辻馬車に乗って動物園へ行った。

動物園で六角形の檻をのぞくと巨大なニシキヘビがトグロを巻いていた。ペリカン池のほとりでは片手に乗るくらいの小さなシカが何匹も遊んでいた。これはベトナムの奥地に生息する〝マメジカ〟のことだ。サル、トラ、イノシシなどの檻が並んでいる一角でのこと、

「其の中の一室に人間に酷く似た動物が居ると思うて近づいて熟視すれば、是は土人の園丁がサルとイノシシとの間の空室に平気で昼寝をしていた」

などという記述もある。

現在の動物園外門を入ると観光バスが何台も止められるような敷地が広がっている。外門ができる前まではノロドム通り（現レ・ズアン通り）が続いていたため、表の大通りと同じ道幅がある。外門をくぐり右側にあるのは〝フン王〟という古代の王を祀った神社だ。

この神社は第一次世界大戦で亡くなった兵士を慰霊する目的で建設された。二〇世紀の初め、トンキン（現ハノイ）にはフランス兵を中心とするフランス正規軍が駐留していた。サイゴンではベトナム人やカンボジア人から兵を募り一九〇〇年にインドシナ軍を組織した。この部隊は一九一四年に勃発した第一次世界大戦で、ヨーロッパに派兵された。そして、多くの兵士が帰らぬ人となった。

ホーチミン市歴史博物館。八角形の天蓋をいただく
エントランスホールには間接光が穏やかにり注ぐ。

## ＊歴史博物館

神社とは反対側（左側）には歴史博物館がある。アジアやアフリカの珍しい動植物をコレクションすることはヨーロッパ貴族階級のステータスだった。一九世紀にアジアへ進出したフランスはベトナム各地に探検隊を派遣して珍しい動植物を採集した。記録によれば一八六八年にメコン川の大探検が行なわれ、多くの標本を持ち帰っている。探検隊が持ち戻るのは動植物の標本だけではなかった。考古学的な遺物も収集していた。収集した標本や遺物は主要都市にフランス政庁が設置した研究組織が保管していた。サイゴンでも〝インドシナ研究会〟という組織があり、植物園の一角に標本や遺物を保管していた。その施設を拡充して一九二九年に博物館を設立した。その後、一九五四年のジュネーブ協定でフランスが撤退した後には民族学の研究所となり、現在はホーチミン市文化体育局が運営する歴史博物館となっている。この博物館ではベトナム南部で収集された考古学的遺物を中心に展示している。サイゴン以前のヒンズー教遺物や民族学的な展示も豊富だ。フランス人が持ち込んだヨーロッパの骨董品や日本から伝わった陶器などもある。また、ベトナム伝統の水中人形劇のシアターも常設してある。

ここを訪れたら展示物だけでなく、建物にも注目してほしい。八角形の天蓋をいただくエントランスホールでは天窓からの間接光がおだやかに降り注ぐ。ほとんどの展示室の窓は天井近くにあるので、南国の直射日光をほどよくやわらげている。純粋なヨーロッパ様式ではなく、南アジアの気候を加味したコロニアル様式だ。重厚なレンガ造りだが、天井が高いため威圧感を感じさせない。ただし、この博物館には冷房がない。そのため、気温が上がる前の午前中に行くことをお勧めする。また、館内での写真撮影には入場券とは別にフォトチケット(Phiếu chụp ảnh)が必要となる。

*ホーチミン市歴史博物館「Bảo Tàng Lịch sử TP.Hồ Chí Minh」 2 Nguyễn Bỉnh Khiêm, Phường Bến Nghé, Quận1 (8時から17時まで開館、ただし11時30分から13時30分までは閉館、毎週月曜は休館)

サイゴン動物園は動物との距離が近い動物園だ。キリンに直接食べ物をやれる。

## *現在のサイゴン動物園

サイゴン動物園は、動物との距離が近い動物園だ。園内ではペリカンが放し飼いになっている。猿の檻では小猿が格子をすり抜けて餌をねだる。毎日午後にはオラウータンの散歩の時間があり、運よく園内で出会えればオラウータンと記念撮影ができる。カバが昼寝をしている池には高い囲いもなく、手が届きそうな距離まで近づける。ゾウの檻の前ではサトウキビを売っていて、これを手から鼻に渡すこともできる。

サイゴン動物園は発足時に植物園だったこともあり、現在でも植物の展示がある。特にヤシ科の植物や蘭などのコレクションでも有名だ。

開園時間は午前七時から午後八時までとなっている。正式な開園は七時だが、その一時間以上前には外門が開けられる。ベトナムでは涼しい早朝に運動をする人が多い。朝の運動をする市民のために開放されるのだ。

### ＊花の道グエンフエ通り

ホーチミン市人民委員会（市庁舎）前の広場にはホーチミンの銅像があり、写真を撮る観光客が絶えない。この広場からサイゴン川まで伸びる大道りがグエンフエ通りだ。この通りは長さ三〇〇メートルほどだが、道幅はとても広くて五〇メートル近くもある。現在は中央が遊歩道になっているが、二〇一四年までは中央分離帯で隔てられた片側それぞれが三車線と歩道になっていた。毎年のクリスマスから旧正月にかけて、広いグエンフエ通りはあふれんばかりの花飾りで埋め尽くされる。特に旧正月の期間には周辺の交通を制限して、花の道が造られる。干支にちなんだモニュメントや田園風景を模した飾りつけはホーチミン市の名物だ。この期間になると夜明けから夜遅くまで、大勢の人々でこの通りはにぎわう。花の道を見るために地方から上京して、晴れ着で記念写真を撮る人もいるくらいだ。

ホーチミン市庁舎とホーチミン像。この市庁舎は、1908年にフランスのサイゴン統治 50 年を記念して作られた。

## ＊サイゴン市庁舎（ホーチミン市人民委員会）

グエンフエ通りの中央には、一九世紀の終わりまでは運河が通っていた。グラン・キャナル（Le Grand canal）と呼ばれていたその運河の両岸はサイゴン港から陸揚げされる商品の販売拠点としてにぎわっていた。織物を専門に扱う布市場やベンタインに移設される以前のサイゴン中央市場などもこの運河の近くにあった。

現在のホーチミン市庁舎は一九〇八年にサイゴン市の市庁舎として建設された。この年はフランスのサイゴン統治五〇周年記念年であり、開幕式は盛大に行われた。市庁舎の建築と同時に運河は埋め立てられてグエンフエ通りが造られた。また、市庁舎前を横切る小さな運河も埋め立てられて、現在ではレタントン通りとなっている。

アヘン工場跡。芥子の花の透かし彫りが残っている。

市庁舎は、その豪華な外観同様に内部にも贅をつくした装飾がほどこされた。現在でもホールのアーチ型の天井やそれを飾るフランス製のタイルは残っている。しかし、一般公開されていないので、観光目的で中に入ることはできない。

フランス植民地政府は一八五九年からサイゴンを統治している。一八七四年からは「メゾン・ワンタイ」と呼ばれるサイゴン川沿いの建物で政務を行っていた。メゾン・ワンタイとは〝王太《ワンタイ》〟という華僑の資産家がサイゴン市内に何軒も所有していた大邸宅の一つだった。

当時の華僑は出身地別にグループ分けされていたが、王氏は広東グループの総代だった。王氏はレンガの製造販売によって財を成したそうだ。フランスがサイゴンを占領する直前に広東省からベトナムへ渡り、レンガ工場を創設して成功したといわれている。聖母教会の修理でも同社のレンガが使用されていて、教会の関係者によれば〝Wang—Tai Saigon〟の刻印が現在でも見ることができるそうだ。

しかし、レンガの製造販売だけで短期間に莫大な財を成すことができたのだろうか。王氏はレンガ工場だけではなくアヘンのビジネスにも関与していた。アヘン戦争の例でもわかるが、アヘンは莫大な利益をもたらす。当時、サイゴンの西のチョロン地区には「談話室」という看板の店が無数にあった。談話室とはアヘンを吸引するところだ。フランス政庁は一八六二年からアヘンの製造と販売を許可していた。アヘンは違法ではなく税金さえ納めれば製造や売買が認められていたのだ。原料はインドから輸入してチョロンにあった路地裏の町工場で製品化していた。それを王氏は独占的に集約してサイゴン川に近い表通り（現ハイバーチュン通り七四番地）にアヘン工場を設立した。このことにより王氏は莫大な財産を築いたようだ。このアヘン工場の跡地は現在レストラン街になっているが、門の上には芥子《けし》の透かし彫り模様が飾られている。

## ＊レックスホテル

広場にあるホーチミン像は東を流れるサイゴン川を遠望している。現在のホーチミン像は生誕一二五周年を記念して二〇一五年の五月一七日に坐像から立像に変更された。それまで設置してあった坐像は三区にある児童文化会館に移設された。ここで記念写真を撮る観光客も多いのだが、像と同じ壇に上がると警官に注意される。

ホーチミン像の右手側にあるのがレックスホテルだ。このホテルは一九二七年にフランス人事

レックスホテル。屋上には「Five o'clock follies」の文字がある。

業家によって創業された。ホテルができる前はシトローエンなど欧州車のショールームがあったそうだ。

一九五九年にはグエン朝の縁戚にあたるベトナム人の女性事業家によって大きく改装された。客室数を増やすとともにダンスホールやレストランなどが増設された。また、当時は娯楽の王様と呼ばれていた映画館がホテル内に三ヶ所設営された。

一九六〇年代になるとベトナム戦争の激化にともない、サイゴンに派遣される米兵が急増した。このホテルは派遣された米軍将校の宿所に指定された。屋上のレストラン・バーはアメリカ軍の関係者と戦況を取材する記者たちで大いににぎわった。毎夜くり広げられる酒宴は〝Five o'clock follies〟（五時のバカ騒ぎ）と呼ばれていた。そして、この呼び名はいつしかアメリカ軍の定例記者会見を指す隠語となった。

## ＊グラン・マガサン

レックスホテルの旧館はグエンフエ通りと交差するレロイ通りに面している。レロイ通りはベンタイン市場前のサイゴン駅を経由してチョロン方面に行く路線の市電が通っていた。レロイ通りを渡るとタックス・ショッピングモール（Thương xá Tax）があった。この建物は何度も改築されているが、歩道に張り出したアーチ型の白い軒先は二〇世紀の初頭から変わらない。

一八八七年、この場所に舶来品を売る店が開店した。店主はコルシカ島出身のフランス商人だった。そして、一九二四年、丸い天蓋を載せた三階建てに改装されてグラン・マガサンという百貨店になった。ここでは化粧品、玩具、銃などさまざまな商品が売られていたが、商品はすべて欧米から取り寄せた高級品ばかりで、店員の制服はタキシードだったそうだ。

ジュネーブ協定でフランスが撤退した後もグラン・マガサンは続いた。サイゴン解放後は国営のデパートとなった。しかし、二〇一四年九月に閉鎖されて、解体が決定した。跡地には地上四〇階のビルが建設される。しかし、二〇世紀初頭に造られた店内の装飾や一階部分の外観は新しく建設されるビルにも継承されることが決定している。

## ＊サン・ワー・タワーとパレスホテル

グエンフエ通りをサイゴン川に向かってさらに進むと右側にサン・ワー・タワーという大きなビルがある。この場所には一九世紀まで仏教寺院があった。フランス軍のサイゴン占領とともに廃寺となり、寺の建物はキリスト教の教会として使われた。しかし、その後すぐに火災で消失し、教会は別の場所に移転した。

サン・ワー・タワーの向かい側にあるパレスホテルは一九六八年の創業だ。これは二〇〇五年頃の話だが、ベトナムで国内基準によるホテルの格付けがはじまった。ホテルの設備やサービスによって星一つから星五つまでのランクが認定される。パレスホテル側では星四つだと考えていた。しかし観光局の認定は星三つにとどまった。スイミングプールがなかったためランクが下げられてしまったのだ。そこで、最上階の一角を改修して長さ数メートルのプールを造った。そして、翌年の認定では星四つに格上げされた。

これと同じような話は前記のレックスホテルでもあった。レックスホテルの旧館でも池にしか見えないようなプールを急造してランクを一つ上げたそうだ。その後、新館を増築した際には普通のスイミングプールも造られた。

大きなビルが並ぶグエンフエ通りをサイゴン川に向かってさらに進むと右側に低層階の建物が

グエンフエ通りにある公庫局。いかにも重厚な建物だ。

何軒か並んでいる。このあたりの五七番地にはかつてアメリカ兵でにぎわった会員制のサパークラブがあった。ここでは、冷えたバドワイザーとアメリカンサイズのステーキが堪能できた。また、店内にはスロット・マシーンも置かれていたそうだ。

さらに通りを進むと右側に財務省公庫局の重厚な建物が見えてくる。この建物は二〇世紀のはじめにフランス政庁によって建設された。当初から公庫局として造られたようで、古地図には〝trésor〟（宝物庫）と書かれている。

公庫局から細い道路をへだてて商業ビルがあり、そのとなりにはすべての窓には金網が張り巡らされているビルがある。このビルはかつての日本大使館であり、ベトナム戦争終結後から二〇〇九年までは日本領事館として使われていた。このビルはどこにでもあるような古いビルだが、内部はステンレスの防弾ドアで区切られている。一九七五年に南ベトナム政府が無条件降伏した第一報は、ここのテレックスから日本へ伝えられた。二〇〇九年に領事館は移転したが、現在でもビルは残り、閉鎖されたままになっている。

旧日本領事館の左にはレンガ色の屋根瓦を載せたクリーム色の大きな建物がある。これもサイゴン時代の建物だ。以前は機械技師を養成する学校だったが、現在ではホーチミン市の税関局が使用している。

そして、その先はトンダクタン通りを隔ててサイゴン川の埠頭になっている。かつて、この埠頭にはヨーロッパ航路の大型船も停泊していた。しかし、現在は観光船の発着にだけ使用されている。最近では設備や護岸の老朽化により港を取り壊す計画も発表された。この場所に公園や遊園地を造ろうというのだ。しかし、サイゴン時代の遺産を惜しむ声も少なくないため計画の実施時期は何度も先延ばしにされている。

# 第四章

# パスツール研究所と海軍病院

２号小児科病院ゲート。「子どもの外科手術ならば２号病院」と定評がある。

## ＊パスツール研究所

フランスの植民地統治は伝染病との闘いでもあった。フランスの植民地だったアジアやアフリカにはマラリアなどの熱帯性風土病があった。これはヨーロッパ人にとって大きな脅威だった。

一八八七年、フランスでは伝染病を研究するパスツール研究所がパリに設立された。狂犬病ワクチンや牛乳の低温殺菌法を開発したパスツールは世界各地から賞賛され、多くの寄付金が寄せられた。その寄付金によって設立されたのがパスツール研究所だ。そして、今日までに八人のノーベル賞受賞者を輩出している。サイゴンでは一八九一年に設立された。パスツール研究所は世界中のフランス植民地に設立されたが、パリの次に設立されたのがサイゴンの研究所だった。初代所長には海軍の軍医だったアルバート・カルメットが就任した。カルメットはその後、カミーユ・ゲランとともに結核予防のＢＣＧワクチンを開発している。ＢＣＧとは彼らの頭文字"Bacillus Calmette-Guerin"を略したものだ。

一八九四年、中国でペストが大流行し犠牲者は六万人以上に達した。ペストは中世のヨーロッパで大流行し、黒死病と恐れられた病気だ。もともとは中国雲南省の風土病だったが、そこに侵入したモンゴル兵がヨーロッパに感染を拡大させたといわれている。

中国のペスト流行に世界中の医療研究者が注目した。サイゴンのパスツール研究所からは、若い研究者アレキサンドル・イェルサンが香港へ派遣された。

## ＊アレキサンドル・イェルサン

イェルサンはスイスのレマン湖畔で生まれ、ドイツで医学を学んだ。その後、フランス海軍の軍医となりサイゴンに駐在していた。当時三〇歳だったイェルサンはジフテリア毒素を発見した共同研究チームの一員だった。彼は探究心が人一倍強く、サイゴンへは天体望遠鏡を携えてやってきた変わり種だ。

ペストの流行に日本の医学会も香港政庁の要請を受けて、北里柴三郎を団長とする帝国大学医師団を送り込んでいる。北里らは英国王立のケネディタウン病院に本拠地を構えて研究をはじめた。一方、イェルサンは言葉の問題などで現地政府との交渉がうまくいかずに、竹でできた小屋を研究の本拠地とした。

これは昔の日本でも同じだが、遺体に刃物を入れるのは中国で禁忌とされていた。そのため、病理解剖は引き取り手のない遺体をこっそり払い下げてもらいながら実施した。ほどなくイェルサンの苦労は実りペスト菌を遺体のリンパ節から発見した。その研究成果は香港政庁からヨーロッパの学会に伝えられた。菌の学名は自分の名前（Yersin）から〝Yersinia Pestis〟と名付けた。

また、ペスト菌はネズミによって媒介され、ネズミに寄生するノミから人に感染するという感染

パスツール研究所。パスツールは、狂犬病ワクチンや牛乳の低温殺菌法を確立した。

経路を推測した。これは清潔な病院ではなく、竹の小屋で現地の事情を見ていた成果かもしれない。

イェルサンは、その後長らくベトナムにとどまり、一九四三年にパスツール研究所の分院があったニャチャン市で八〇歳の生涯を閉じた。ニャチャン市に建てた彼の家には屋根の上に天体望遠鏡のドームがあったそうだ。

彼は医学の研究以外にもさまざまな業績をベトナムに残している。ベトナム中部高原のダラットに故郷スイスの面影を見出した彼は開発を示唆した。現在、ダラットは高原野菜やお茶の産地であり、避暑地としても有名だ。当時のゴムは高値で取引されていたためブラジルでは空前のゴム景気で沸いていた。そのブラジルからゴムの苗木を取り寄せて、試験栽培を行った。そして、産出したゴムはフランスのミシュラン社に売った。その後のベトナムはゴムの世界的な産地となった。アンデスからキナの苗木を取り寄せてベトナムで試験栽培をはじめたこともあった。キナから取れるキニーネはマラリアの治療薬として貴重だった。

晩年、パリ・パスツール研究所の名誉所長となった彼は毎年パリに出張していた。しかし、パリに住居を構えることはなかった。パリでの職務が済めばベトナムに帰ってきた。パリとの往復にはエールフランスの航空便を利用していた。エールフランスは一九三三年から極東路線を開設している。飛行機材はドボワチンD三三八だった。ただし、当時の航空機は航続距離が短いので直行便ではない。パリからはマルセイユ、ナポリ、アテネと飛び石のように経由しながら極東へ向かった。

パスツール研究所はベトナム戦争終結後に一時閉鎖された。しかし、現在ではベトナム医療省の研究所として運営されている。また、研究機関としてだけでなく、血液検査や水質検査などでホーチミン市民から利用されている。わたしも利用したことがあるのだが、パスツール研究所の検査は他の機関と比べると検査項目が多くて料金が高い。料金は高いが、この研究所の権威は別格なものとして市民から信頼されている。

＊パスツール研究所「Viện Pasteur TP,HCM」167 Pasteur, Phường 8, Quận 3（施設内は撮影禁止）

## ＊海軍病院

インドシナ海軍病院は一八六七年に建設がはじまり、一八七三年に開業した。建物は湿気を避けるために床を高くした。また、雨の日でも窓を開けられるように軒を大きく張り出し、その下をベランダにした。主な建築材料はフランスから取り寄せられ、当時は珍しかったフラッシュ洗浄の水洗トイレも設備された。

病院に入ってみると広い敷地に各棟が余裕をもって建築されている。幅二〇〇メートル、奥行き一〇〇メートル以上の敷地内は、いたる所が花壇や芝生になっていて、まるで公園のようだ。昼食時になると、来院者や白衣のスタッフが芝生で弁当を広げている光景を目にすることもある。

この病院はフランスから派遣された医師によって運営される最新設備の医療機関だった。しかし、開設当初は軍関係者と特権階級だけに利用は限られていた。一九〇五年、フランス海軍の医療監察官だったグラル医師はこの病院を一般開放した。その後の一九二五年にサイゴン・グラル病院（L'hôpital Grall à Saïgon）と改名された。現在でも病院の門扉にはベトナム語の表示とともに〝GRALL〟の文字がある。

二〇世紀の初頭から、ベトナムは次々と戦乱に巻き込まれる。第一次世界大戦、アジア太平洋戦争、第一次インドシナ紛争、ベトナム戦争、そしてようやく一九七五年に戦争は終わった。こ

2号小児科病院の中庭。ゆったりとしていて、緑も豊かだ。

の期間、大きな政変が何度もあった。しかし、病院開設からベトナム戦争終結までの一〇二年間、この病院には常にフランス人の医師が駐在していた。

ベトナム戦争が終わった一九七五年からは北の制度が南にも導入されてサイゴンは大混乱となった。アメリカに依存していた経済制度が崩壊し、年率数一〇〇パーセント以上のインフレが何年も続いた。生産低下による極端な物不足と食料難の時代だった。その頃は自衛手段として、病院の敷地内で牛を飼っていたこともあったそうだ。

日本でも太平洋戦争の終戦と同時に経済が混乱して大変な食料難となった。しかし、敗戦から二年目にはアメリカ議会がガリオアエロア資金という食料援助計画を決議した。ところがベトナムでは西側諸国による経済封鎖が終わることなく続いた。ベトナム戦争中は中国が援助していたが、戦後すぐに援助は打ち切られた。ソ連からも援助を受けていたが、経済的な行き詰まりから援助は年々縮小され、ついにはソビエト連邦自体が崩壊してしまった。

一九八〇年前後にはボートピープルによる国外脱出が相次いだ。暗く未来が見えなかったこの時代、危険を冒してまで国外に出ようとする人たちは数知れなかった。また、国外脱出するのはインテリ層の人が多く、そのなかには医師も少なくなかった。旧サイゴンの時代、医師は社会的地位がある職業であり、それ相応の収入もあった。戦後になって医師の境遇は暗転した。すべての医師は公務員となったため給与は政府の統制価格をもとに支払われた。ところが、政府の統制価格は実態経済と大きくかけはなれていた。そのため、医師の所得はインフレに追いつかなかった。「外科手術の公定価格は自転車のパンク修理代より安かった」などという話も残っている。医師の家庭では、内職をしたり家財を売ったりしながら、その日ごとの生活をしのいでいた。

## ＊2号小児科病院へ改称

一九八〇年代、医薬品などの不足によってベトナムの医療は大きく後退した。しかも、国家予算に占める医療費はGNPの〇・六%しか配分されなかった。ベトナムには、マラリヤやデング熱など熱帯性の風土病が以前からある。このような病気は適切な治療を行えば重症化することは少ない。しかし、医師も薬も不足していた当時、ちょっとした発熱でも命取りになることがあった。特に心配されたのは体力の弱い子どもたちだった。医師の不足、薬品の不足、それに加えて子どもたちの命を危うくさせたのは食料の不足だった。患者が栄養失調では助かる命も助けようがない。一九七八年にグラル病院は「2号小児科病院」と名称を変えて小児科専門となった。専門病院としてスタートしてからの十数年は、まさに嵐のような闘争の毎日だった。

一九八六年頃から人道的援助に限って西側からの支援が再開された。結合双生児〝ベトちゃんドクちゃん〟を医療支援するため日本赤十字社から医師団が派遣されたのもこの年だ。フランスからは2号小児科病院（旧グラル病院）へ支援チームが派遣された。その当時、フランスのチームが調査したところベトナムの乳幼児死亡率は六・四五％に達していた。これは内戦により極度に荒廃しているアフリカの一部地域と同じような数値だ。

一九九〇年、ベトナムとフランス合同による小児科病院近代化計画「グラル・プロジェクト」が発足した。翌年には一〇〇万フラン（約二六〇〇万円）に上る医薬品が贈られた。計画の一環として、病院内の手術室と集中治療室が改修された。このプロジェクトで特に重点が置かれたのは看護師や検査技師など医療スタッフの教育だった。西側のドアが閉ざされていたこの十数年に世界の医療技術は大きく進歩していた。新しい薬品、医療設備、検査器具に対応するためには遅れていた年月を取り戻さなければならなかった。

２号小児科病院。門にベトナム語の表示とともに“ＧＲＡＬＬ”の文字がある。

それまでのベトナムでは前時代の医療設備しかなかった。手術をするにも信じられないような設備で実施していた。大きな病院でも人工呼吸器はなく、麻酔中はゴムの空気袋を握ったり放したりして患者を呼吸をさせていた。心拍計がないためモニターは患者の胸に聴診器をテープで止めて聞いていた。

その後、西側各国の援助が再開した。ベトナムの経済もドイモイ政策実施以降は急速に回復した。そして現在、この病院はベトナムでの重点医療センターとなっている。地方の病院では治療が難しい子どもの患者は、ホーチミン市の小児科病院に運ばれてくる。ホーチミン市には〝一号〟と〝二号〟の小児科病院があるが、難しい外科手術を必要とするような患者はこの2号病院に運ばれることが多い。

「子どもの外科手術ならば2号病院」という定評ができたのには訳がある。この定評は、チャン・ドン・アという一人の外科医が創り上げたといっても過言ではないだろう。ドン・ア医師とは、ベトちゃんドクちゃんの手術を執刀した外科医だ。

ドン・ア医師は、ベトナム戦争中は南ベトナム軍空挺部隊の軍医だった。終戦後は再教育キャンプ送りや亡命失敗を経験して、2号小児科病院へ転勤になった。そして、その時期から外科医としての才能が開花した。新生児の心臓手術など、世界的にも症例の少ない手術を次々と成功させていった。ベトちゃんドクちゃん以外にも先天性奇形の外科手術を数多く成功させてきた。

ドン・ア医師は2号小児科病院では副院長となり、定年退職してからは臓器移植センターの顧問をしている。二〇一三年のあるイベントでドン・ア医師に会う機会があった。その年七三歳だったが、背筋がピンと伸びていて足取りも軽ろやかだ。秘訣を聞いたところ、毎日夜明け前に起きて、愛車のトヨタでテニス・コートへ行くのだと言っていた。

＊2号小児科病院「Bệnh viện Nhi Đồng hai」14 Lý Tự Trọng, Phường Bến Nghé, Quận 1（病院内は撮影禁止）

# 第五章

# チョロン

チョロンの仏具店。チョロンは、猥雑だが活気に満ちた庶民の街だ。

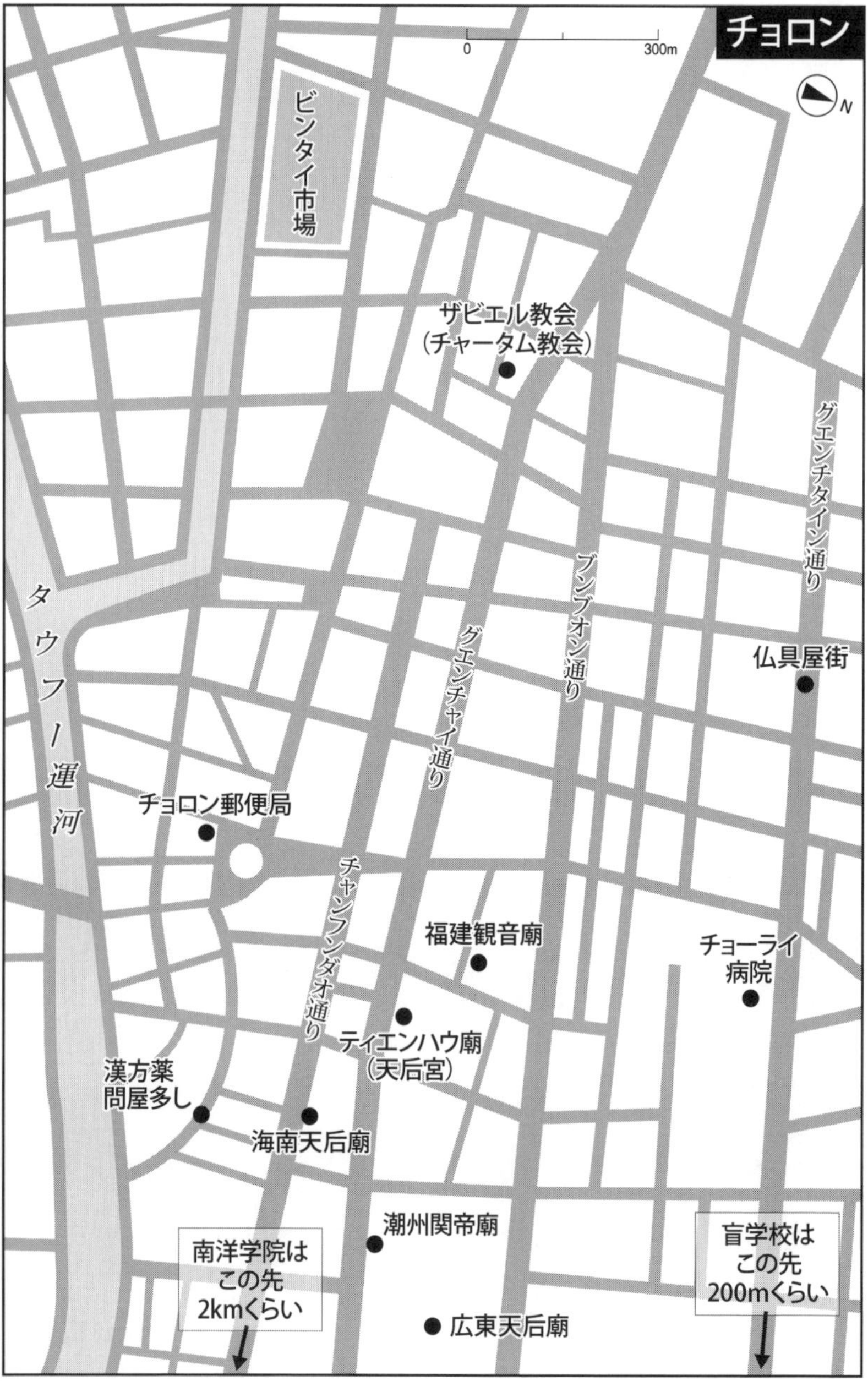
チョロン
0
300m
N
ビンタイ市場
ザビエル教会
（チャータム教会）
タウフー運河
グエンチャイ通り
ブンブオン通り
グエンチタイン通り
仏具屋街
チョロン郵便局
チャンフンダオ通り
福建観音廟
チョーライ
病院
ティエンハウ廟
（天后宮）
漢方薬
問屋多し
海南天后廟
潮州関帝廟
南洋学院は
この先
2kmくらい
盲学校は
この先
200mくらい
広東天后廟

## *中国人街「チョロン」

一八世紀、サイゴン地域はグエン朝の領地だった。一七七七年、タイソン党の反乱によってサイゴンは戦場となりタイソン党に支配された。サイゴンにはベトナム人だけでなく中国系の移民、いわゆる華僑も入植していた。農民気質のベトナム人は土地への執着が強い。しかし、土地へ執着しない華僑たちは戦禍を避けるためサイゴンの西へ避難した。その後、グエン朝がサイゴンを奪還した一七八四年以降もサイゴンの西側に華僑は留まって、街が成立した。これが中華街「チョロン」のはじまりだ。

ベトナム全土を統一したグエン朝は、サイゴンを南部支配の本拠地とした。その後のフランス植民地政権もサイゴンに本拠地を構えた。フランスがサイゴンを占領したのは一八五九年だが、そのときすでにサイゴンの西にはチョロンという人口三万人の街が成立していた。そして、チョロンではすでに米の流通システムが確立していた。各地から籾《もみ》を買い集め、精米して販売していたのは華僑たちだった。

フランス統治時代、チョロンはサイゴンとともに近代化し、市井はサイゴン以上に繁栄した。南欧風の白亜建築が建ち並ぶサイゴンの街並みとは好対照をなし、チョロンは猥雑だが活気に満ちた庶民の街だった。この街の道幅は狭くサイゴンにあるような並木道や公園はほとんどなかっ

チョロン街角。今は、チョロンという住所はない。しかし、誰もがここをチョロンと呼ぶ。

た。表通りには漢文で書かれた商家の大看板がずらりと並んでいた。表通りから一歩入ると迷路のように路地が入り組んでいた。漢方薬、線香、阿片、それらが入り混じって独特の匂いが漂っていた。人口密度はサイゴンの二倍以上あり、福建語や広東語が飛び交う華僑の世界だった。

## ＊米流通の中心地

インドシナで生産された米は、チョロンの精米工場に集積された。チョロンの精米業者は、単に米を精米するだけではなく米の流通を差配する総合商社だった。籾の買い付けではインドシナ各地に居住する華僑がチョロンの資金で大量に買い付ける。そして、買い付けた籾はすべてチョロンに送られた。インドシナには多くの華僑がいたが、チョロンに店を張る約一〇〇人の籾商人がインドシナ全域の米流通を独占していた。そのため、宗主国のフランス人ですらチョロンの華僑を経ないで米を入手することはむずかしかった。精米してから輸出する相手も主に華僑だった。シンガポール、香港、マニラ、主な港でも華僑が同族で強固なネットワークを構成していた。

二〇世紀のはじめ、チョロンには一〇ヶ所ほどの大きな精米工場があり、そのほとんどは華僑の同族経営だった。大型の精米機は蒸気機関によるもので、いずれの工場でもフランス人やイギリス人の機関士を雇って操業していた。

チョロンで精米した米はシナ運河（現ベンゲー運河）などによってサイゴン港へ送られた。運河の両岸には大煙突から蒸気機関の煙を吐く精米工場と巨大な米倉庫が並んでいた。その倉庫のなかには三井物産の倉庫もあったそうだ。

## ＊華僑の社会

図1にあるように、植民地化がはじまった一九世紀のチョロンはサイゴン以上に人口があった。しかし、中国系の割合はサイゴンと同程度だった。その後、経済発展とともに各都市の人口は増加したが、チョロンには中国から移民してきた華僑が多く集まるようになった。一八八九年に人口一万五〇〇〇人ほどだった中国系の人口は一九二一年には一五万人、一九三一年には二〇万人

図1．サイゴンとチョロンの人種別居住人口（単位／人）

| | サイゴン | チョロン |
|---|---|---|
| フランス人 | 1，492（7.9%） | 74（0.2%） |
| ベトナム人 | 8，994（47.7%） | 22，322（59.6%） |
| 中国人 | 7，195（38.2%） | 14，944（39.9%） |
| その他 | 1，156（6.2%） | 101（0.3%） |
| 合　計 | 18,837 | 37,441 |

Annuaire General de Indochine インドシナ年鑑1889より

に増加した。また、中国系が占める人種の割合も四〇%から八〇%へと上昇した。二〇世紀初頭のトンキン（現ハノイ）における中国系の割合は一七%ほどであり、他の小都市では三%程度だったといわれている。

フランス植民地政庁は華僑の入植を歓迎していた。一八八五年にフランス植民地政庁と中国の清王朝が天津条約を締結した。それはインドシナへ入植する華僑の権利を保障するものだった。入植した華僑は生命財産が保障され、現地人と同じ市民権が認められた。土地の個人所有も許可し、徴兵や強制労働、租税の徴収は免除された。

華僑は、そのたくましい生活力により現地人から恐れられることがある。二〇世紀に入ると植民地政庁の華僑対応は硬化するようになった。当初は単なる労働者だと考えていた植民地政庁も主要産業を独占されていることに気がついたようだ。

一九〇七年からは人頭税の徴収がはじまった。これは一六歳から六〇歳を査定して、入植時に最高で四〇〇フラン（約八〇円／明治四〇年当時）が課された。この最高額は公務員の給与半年分に相当するような金額だ。しかも、人頭税は華僑にだけ課されたもので、同じ移民でもヨーロッパ人などは対象外だった。それに加えて租税の徴収もはじまった。課税対象者は査定されて、年に二フランから五〇フランが徴収された。租税は寝たきりの老人や生まれたばかりの赤ん坊にも課せられた。租税の徴収がはじまるとトンキン（北部）ではそれに反対する声が高まり廃止された。アンナン（中部）でも税金が減額された。しかし、チョロンなどのコーチシナ（南部）では正規の税額徴収が強行された。

当時は輸入される漢方薬の市場はすべて華僑に独占されていた。そのため、漢方薬に課税することは華僑にだけ課税する効果がある。それまで漢方薬一〇〇キロあたり一五フランだった関税は三〇、六〇、一二〇と次々と増税されて、ついには九〇〇フランにも達した。その上、通関検査はことさら厳重に行われるようになった。

一九二七年に満鉄調査局が発行した『華僑』にはインドシナにおける華僑の記載がある。

「佛領印度支那《ふつりょうインドシナ》の状況はシャムや馬來《マレー》半島のやうに支那人に自由を與《あたえ》て居らぬ。かなり種々な取締りが行はれて居る」

タイやマレー半島で、中国系移民は権利が認められた通常の市民として暮らしていた。しかし、インドシナの華僑にはさまざまな制限があった。一九一六年には華僑による「人権運動大会」が開かれた。その大会で、言論、居住、移動の自由、指紋押捺の廃止、体刑の廃止などが決議された。前記の『華僑』には中国系移民の不満が記されている。

「軽微な違反でも逮捕拘留される。病気で働けない者でも課税される。遺骨を持ち帰るにも六フランの課税がある。単なる担ぎ売りでも商業税が課される。白人が支那人を殺しても二ヶ月ほどで釈放される。支那人が殴られても白人やベトナム人を殴り返せば重罪となる」

これらの不満が四五項目も列挙してある。

一九三九年に出版された『華僑の研究』（企画院編、松山房）にはフランス政庁の華僑政策が解説されている。

「華僑入国には総督令の規定が適用されてゐる。交趾支那《コーチシナ》に於いてはその基本規定として、百名以上を一団（幇）とし、それに満たぬ団体はこれを聯合《れんごう》せしめ、団の総代が当局に対し団員に関する諸般の責任を負はしめる。幇に加入しない者は居住するを許されない…」

## *五つの中国人グループ

チョロンの中国人社会では出身地によって福建、潮州、広東、南海、客家という五グループに分かれていた。各グループは〝幇〟(bang) と呼ばれ、それぞれの幇は政府が任命した総代によって居住登録や徴税などが管理されていた。入植した者はサイゴンの移民局で身体検査を受け

観音廟。中国福建省から移住してきた人たちが建立した。

て入植登録をしなければならない。幇の総代が身柄引き受けを認めれば三〇日の仮上陸が認められる。その後、問題がなければ一年間の在留許可が下りる。旅行などで一時的に滞在する場合にも移民局の審査が必要だった。また、コーチシナ（南部）から外に行くときは旅行許可証を申請しなければならない。

これらの華僑対策は入植を制限する目的で実施された。しかし、実効上の効果はなく、チョロンの華僑人口は年々増加していった。華僑の入植が急増した原因には、第一次上海事変の勃発が大きく影響している。一九三六年八月一八日付け台湾日日新報にサイゴン発の記事が載っている。

「佛印華僑人口は支那事変前には約四十万程度あったが戦火が南支に及ぶや難を逃れて

天后廟。これは、広東グループの集会場でもあった。

移住し来る者激増し現在では五十五万乃至《ないし》六十万に及んでいるといわれる」

翌一九三七年には盧溝橋事件が勃発し、中国大陸での戦闘はさらに拡大した。

戦禍から逃げる目的もあり、当時好景気だったチョロンに中国からの移民が集中した。入植した華僑はそれぞれの幇ごとに住居も集まり、その中心には道教の廟《びょう》が置かれた。それぞれの廟は宗教施設であるとともに幇の集会場でもあった。福建の観音廟、広東の天后廟、潮州の関帝廟、海南の天后廟などは現在でもこの地区にあり地域の人々から篤く信仰されている。

また、チョロンの富裕層ではキリスト教の洗礼を受けて、子弟をフランスのリセ（中高等学校）に通わせる家庭もあった。そのため、チョロンにもキリスト教の教会が建設された。この時代に建設されたフランシスコ・ザビエル教会（チャータム教会）は現在でも同じ場所にある。この教会の入り口にはベトナム語だけでなく中国語も併記されて「方済各（フランシスコ）天主堂」と表示してある。
一九六三年、ベトナム戦争が激化するなか、サイゴンでは軍事クーデターが発生した。南ベトナム大統領ゴ・ジン・ジェムは弟とともにクーデターをのがれて、このフランシスコ・ザビエル教会に潜んでいた。そして、捜索隊に発見され、教会の前に止めてあった装甲車のなかで銃殺された。教会内の長椅子には「殺される直前、ここに座ってミサに参加していた」と金属プレートに刻まれている。*

*福建観音廟「Ôn Lăng hội quán」12 Lão Tử, phường 11, quận 5
*広東天后廟「Miếu Thiên Hậu tọa lạc」710 Nguyễn Trãi, phường 11, quận 5
*潮州関帝廟「Nghĩa An hội quán」678 Nguyễn Trãi, phường 11, quận 5
*海南天后廟「Miếu bà Hải Nam (Hội quán Hải Nam)」276 Trần Hưng Đạo B, phường 11,quận 5
*聖フランシスコ・ザビエル教会「Giáo Xứ Thánh Phanxicô Xaviê」25 đường Học Lạc, phường 14, quận 5

## コラム　ベトナムのキリスト教

アメリカでは賛美歌から派生した黒人霊歌がゴスペル・ミュージックになった。そして、現在では、まるでコンサートのような礼拝も数多く開催されている。このように、信仰の様式は国や民族によって変化する。ベトナムではフランスの植民地化以降、本格的にキリスト教が布教されるようになった。しかし、本家のフランスとは異なるキリスト教信仰のスタイルもいくつかある。

線香を使うというのも、ベトナム独自のキリスト教スタイルかもしれない。ローマ・カトリックでは儀式で香炉を使うこともあるが、ベトナムでは仏教と同じ線香を使う。家庭にある祭壇の中央には、十字架とキリスト像やマリア像が置かれる。そして、その脇には先祖を祭る遺影や位牌が置かれていて線香を手向ける。祭壇に花を飾るのはもちろんだが、果物や菓子などのお供物をお供えすることも多い。

キリスト教の結婚式では、式の冒頭に司祭は三本の線香に火を点ける。一本は祭壇に供えて、あとの二本は新郎新婦に手渡す。新郎新婦はそれぞれの線香を祭壇に供えてから式がはじまる。

還暦や喜寿、米寿など、東アジアではお年寄りの長寿を祝う習慣がある。ベトナムでもその習慣があり、キリスト教会主催の公式行事として行われる。この儀式には家族全員が出席してお祝いする。式は朝からはじまり、参加者は正装して集まる。お年寄りは十字架が描かれた長いローブを着る。家族らが見守る中、お年寄りは教会内の通路を進み中央最前列に座る。司祭は、長寿の意味や価値について説教したあとで、お年寄りに祝福を授ける。参加者は賛美歌を歌い、祈りをささげる。教会での儀式の後で、家族内のお祝いが催される。家の祭壇に線香を供えて先祖に長寿を感謝する。その後、お年寄りは子や孫からの贈り物を受ける。

キリスト教の葬式もベトナム独自の色彩がある。臨終に際し、教区の司祭が呼ばれる。司祭は聖油を使って臨終の信者に最後の懺悔式を行う。故人は三日後に埋葬されるが、死後四九日と一〇〇日の法要がある。また、家庭によっては初七日の法要を行うこともある。法要は午前中に教会でミサを行うことからはじまる。他の儀式と同様、教会で行われた後は自宅で家族だけの儀式を行う。自宅では遺影にお供物を供えて、線香が手向けられる。

〝テト〟と呼ばれる旧暦の正月はベトナム人にとってもっとも重要なイベントであり、キリスト教徒にとってもそれは同じだ。正月を迎える準備は、年末の大掃除からはじまる。キリストや聖母を祀る祭壇はもちろんのこと、その脇に設えてある先祖の祭壇も念入りに清掃される。線香の灰や燃え残りなども清掃され、線香立ての砂を新しいものに換える家庭も多い。念入りな清掃のあと、果物などの供物を通常より多めに供える。大晦日から新年にかけて、家族全員で教会へ初詣に行き新年を祝う。教会では司祭とともに国家の安寧や世界の平和を祈るが、家庭に帰れば家族の繁栄を先祖に祈る。正月の三ヶ日は特に重要な聖日であり"Minh Niên（年明け）"と呼ばれる儀式が教会で行われる。

## ＊現在のチョロン

現在、チョロンという住所はない。しかし、誰もがホーチミン市の西にある、かつての中華街をチョロンと呼ぶ。道路標識にも「チョロン方面」などと書かれている。一九三一年にサイゴンと統合されて「サイゴン―チョロン市」となり、その後はサイゴン市の一部となった。現在のホーチミン市五区とその周辺域が、かつてのチョロンだ。チョロンは中国系移民、いわゆる華僑が築き繁栄した街だった。一九七五年のサイゴン解放前後の時期にチョロンにいた華僑の九割は国外に脱出したが、経済の安定とともに戻ってきた人も多い。彼らが残した文化は現在でもチョロンに息づいている。

中華街と聞けば、神戸や横浜のレストラン街を連想するかもしれない。しかし、チョロンには

チョロンには、仏具や祭祀用品などを扱う店が軒を連ねる仏具街がる。

中華料理の店が集まっているわけではない。他の地域と比べれば中国系市民の割合は多いが、特に観光地でもない普通の街だ。ただし、他の地域と異なる特徴もいくつかある。

　仏具や祭祀《さいし》用品などを扱う店、いわゆる仏具屋が多いというのも特徴の一つかもしれない。ベトナムの家庭には必ず祭壇がある。廃材を組み合せたようなバラックでも祭壇を設えて毎日線香を手向ける。なかには寺院と見紛うばかりに立派な仏間を設けている家もある。その需要に応えるため、どこの街にも仏具屋はある。そのなかでもチョロンには仏具屋が軒を連ねる仏具街があり、その色鮮やかな品揃えには目を見張るものがある。*

*仏具屋街「phố hàng đồ thờ」Nguyễn Chí

Thanh Quận 5（チョーライ病院の西側）

## ＊道教寺社と仏教寺院

ベトナム人に宗教を問えば、多くの人が「仏教徒」だと答える。しかし、チョロンに古くからある仏教寺院は少ない。道教の寺社は華僑によって多数建立された。しかし、仏教のお寺はチョロンには少なく、しかも最近建てられたものばかりだ。

これはチョロンだけではなく、昔のサイゴンでも同じだ。フランス統治以前にはサイゴンにも仏教寺院があった。ところが、フランスの都市計画では仏教の寺は構想外だった。チョロン地区の北側にある覚林寺（一七七四年建立）など郊外にある寺は難を逃れたが、サイゴンの街中にあった寺はすべて取り壊された。そして、フランスが撤退した一九五四年以降になって、ようやく大きな寺が建築されるようになった。現在のホーチミン市三区には、舎利寺（一九五六年）や永嚴寺（一九六四年）が建てられた。一九七二年には安楽寺がサイゴン駅に近い場所に建てられた。これらホーチミン市の中心街にある大きな寺は、すべてフランス撤退以降の建築だ。＊

＊覚林寺「Chùa Giác Lâm」565(số cũ 118)Lạc Long Quân, phường 10, Quận Tân Bình
＊安楽寺「Chùa An Lạc 」175/15 Phạm Ngũ Lão, phường Phạm Ngũ Lão, quận 1

*舎利寺「Chùa Xá Lợi」89 Bà Huyện Thanh Quan, Phường 7, quận 3
*永嚴寺「Chùa Vĩnh Nghiêm」339 Nam Kỳ Khởi Nghĩa, Phường 7, quận 3

## ＊漢方薬

チョロンとはベトナム語で〝大きい市場〟という意味だ。経済的に急成長した二〇世紀の初頭「インドシナで売っているものは、すべてチョロンで買える」といわれていた。現在でもチョロンには卸売りの店が多く集まり、問屋街を形成している。プラスチック製品、文房具、布製品などさまざまな問屋がチョロンにある。そのなかでもチョロンといえば、やはり漢方薬だろう。誰もが「チョロン」と聞けば漢方薬の芳しい香りを連想する。タウフー運河近くにある漢方薬の問屋街に行けば、街中が漢方薬の香りに包まれている。

薬の販売だけでなく、漢方による診断や治療をしてくれる診療所もチョロンにはある。漢方の診断は〝望聞問切〟の四つの診察法で行われる。そのなかでも西洋医学と一番異なるのが切（触診）の脈診だろう。漢方医は患者の手首に指三本をのせて脈の強弱や乱れを探る。そして脈を「浮・沈・数・遅・強・弱」とその組み合わせに分類して患者の体調を診断する。

診断の結果は処方箋に漢文で書いてくれる。患者はその処方箋を店に提示して漢方薬を買う。チョロンの漢方薬店では生薬だけでなくさまざまな漢方製薬を売っている店もある。香港のタイ

薬用茶の専門店。ベンゲー運河近くの問屋街は、街中が漢方薬の香りに包まれている。

ガーバームやシンガポールのハッカ油、それらに混じって日本の正露丸が売られていることもある。

漢方では治療として針灸や按摩・マッサージがよく行われる。マッサージならばチョロンにある盲学校の付属治療院をお勧めしたい。この治療院は技術も確かだし、料金も高くない。施術してくれるのは盲学校の卒業生たちだ。この盲学校には日本の援助団体がボランティアを派遣して指圧などの指導をしている。そのため、少しだけ日本語が話せる施術者もいる。＊

＊グエン・ディン・チュウ特別支援校「Trường PTĐB Nguyễn Đình Chiểu」184 Nguyễn Chí Thanh, P3, Quận 10

## ＊精進料理

これもまた中国文化の影響だと思うが、チョロンには精進料理のレストランが多い。看板に漢字で「斎食」あるいは「素食」と書いてあれば精進料理の店だ。ベトナムではクメール系上座仏教＊の寺も少数あるが、ほとんどが大乗仏教だ。ベトナムにある大乗仏教の寺では不殺生の戒律により生臭物はけっして食べない。修行中などの特別な期間だけでなく、すべての食事は菜食で、出家したならば生涯菜食を続ける。僧侶だけでなく一般の人々でもベトナムではベジタリアンが多い。また、毎日ではなく、旧暦の一日と一五日だけは肉を食べないとか、お盆などの期間だけは菜食にする人もいる。そのため、ベトナム料理のレストランでは菜食のメニューがある店も多い。日本食レストランでも「これは菜食です」とメニューに注意書きしてあるところもある。また、インスタントラーメンなどでも菜食の製品がいくつもある。

菜食といってもメニューは豊富だ。炒め物やスープ、それにカレーや麺料理などもある。また、これはフランスの影響かもしれないが〝湯葉のグラタン〟とか〝ガンモドキのオレンジソース〟などを出す店もある。

＊上座仏教

精進料理店。チョロンには精進料理店も多い。「斎食」「素食」とあれば、精進料理の店だ。

インドから直接伝来したタイやカンボジアなどの地域で信仰されている仏教。上座仏教は菜食ではない。

**＊チョーライ病院**

ホーチミン市の地図を広げてみると街の西側（チョロン地区）に病院を示す赤十字マークがいくつも集まっている。フランス統治時代、チョロン地区には大病院が多数建設された。総合診療の＊チョーライ病院、伝染病の熱帯病院、医科大学の付属病院もチョロンにある。旧サイゴンで建設された大きな病院が三ヶ所程度なのに対し、チョロンには一〇ヶ所以上の大病院が建設された。そのほとんどは二〇世紀の初頭に華僑の提供した資金で建てられたものだ。

チョーライ病院。11階建ての本館は、日本の無償資金協力によって建てられた。

現在、ホーチミン市を含めたベトナム南部で、救急搬送がもっとも多いのはチョーライ病院だ。特に正月など民間の医療機関が休診のときには救急来院者が一日で一〇〇〇人近くに達することもある。チョーライ病院は一九〇〇年に「チョロン市民病院」(Hopital municipal de ChoLon)として設立された。最初に建設された病舎は二階建ての南欧風建築だったそうだ。その後、第一次世界大戦や太平洋戦争などの政変ごとに名称は変更され、一九五七年に現在の名称になった。

現在のチョーライ病院本館は一一階建ての近代建築だが、これは日本政府の無償資金協力によって建築された。ベトナム戦争中の一九七〇年に日本から医療器材援助がはじまった。そして、一九七四年にベッド数五〇〇床の本館が完成した。その後、増築に増築を重ね、現在ではベッド数が一八〇〇床となった。日本で最大級のマンモス病院が約一四〇〇床だから、チョーライ病院はそれよりもベッド数が三割近く多い。しかも、敷地面積は五〇〇床当時から増えてはいない。実際に病院内に入ると通路と階段が入り組んだ立体迷路のようになっている。そのため、日本のODAによりホーチミン市のビンチュウ地区に第二チョーライ病院の建設計画が進行している。郊外にある七ヘクタールの土地に一〇〇〇床の総合病院を建設する。その病院の名称は「ベトナム日本友好病院」とすることが決定している。

*チョーライ病院「Bệnh viện Chợ Rẫy」201B Nguyễn Chí Thanh, Quận 5

## *南洋学院

日本は太平洋戦争が終わるまで、国外にある支配領域を〝外地〟と呼んでいた。外地では日本の国策を推進するための〝外地校〟が設立された。ベトナムは日本の支配する外地ではなかった。統治していたのはフランス植民地政権だった。しかし、フランスとの協定により日本軍が進駐していたためサイゴンでは外地校が設立された。それは「南洋学院」という高等専門学校だった。一九四二年七月五日の大阪毎日新聞に学校設立の記事がある。

「南方建設の指導者を現地で養成しようと南洋協会では仏印サイゴンに修業年、三年の専門学校南洋学院を設立、院長に東大名誉教授野村淳治博士を招き九月から開講することになった」

当時は大東亜共栄圏〈註1〉という構想がありアジア各国の現地指導を担う人材が必要だった。南洋学院はベトナムの現地事情に精通したエキスパートを養成する目的で設立された。太平洋戦争がはじまった翌年の一九四二年七月に公募があった。公示によれば「中学卒業者（旧制）を対象に選抜試験を行う。佛印西貢《ふついんさいごん》で修業三年、授業料免除、衣食住は公費賄いで南方開発の指導者を養成する」とある。募集三〇名に対して五七八名の応募があった。国内四ヶ所で一次試験が行われ一〇一名が合格し、二次試験は東京で行われた。最終的に選抜された三〇名のなかにはハルピンや台湾の出身者もいた。

渡航前の研修は神宮外苑の日本青年館で行われた。支給された制服は白い開襟《かいきん》シャツにカーキ色の上下だった。研修では共栄圏の理想が説かれた。

「欧米に虐《しいた》げられている東洋の民を解放して、彼らと共存・共栄しなければならない。大東亜共栄圏を確立するのだ」

入学した三〇名は一〇代の若者たちだった。誰もが先駆者となる気概に満ちていた。彼らは青雲の志を胸にしてサイゴンへと旅立った。

## ＊サイゴンでの驚き

サイゴンでは驚くことも多かった。なにしろ街をフランス人が歩いているのだ。フランス映画から抜け出てきたようなマダムやマドモアゼル。街角のカフェには青い目の水兵が陣取り、通り過ぎる女性に口笛を吹く。交通整理をする金髪の憲兵は白い探検帽に半ズボンだ。

なかでも一番驚いたのは食べ物がたくさんあることだった。戦時下だった日本は食糧事情が悪くて、米などは配給制だった。しかも、都市部ではその配給も滞りがちだった。ところがサイゴンでは校舎を一歩出るとパンやアイスクリームの売り子が声をかけてくる。中華料理店では飴《あめ》色に焼かれたアヒルが店先に吊るされている。日本では手に入りにくい砂糖菓子もふんだんにある。日本軍の酒保（売店）に行けば大福やボタ餅も売っている。育ち盛りの彼らには青い目のフランス娘よりも大福餅の方が輝いて見えたかもしれない。

南洋学院の校舎は市電が走るガリエニ通り（現チャン・フン・ダオ通り）のチョロン地区にあった。その建物は三徳協会という華僑の会館だったが日本政府が借り上げて校舎にした。学寮は通りの向かい側にあった南京政府通商部が使っていた建物を借用した。

学院の毎日は朝の日章旗掲揚からはじまった。時間割ではベトナム語の授業が一番多かった。経済や地理、衛生学などの他に軍事教練の時間もあった。しかし、日本国内の学校で行われている教練とは違い、銃を使った演習はなかった。フランス語の授業では植民地政庁から派遣されたフランス人の教師が担当した。毎日夕方まで授業は続くが、水曜は午前中だけで日曜は休みだった。また、午前一一時から午後三時まではベトナムの習慣を取り入れて昼食と午睡に充てられた。長い昼休みや放課後などは自由に行動することが許されていた。息抜きにコーヒーを飲みに行くこともできた。近くのプールで、ベトナム人に混じって水しぶきを上げることもあった。映画を見に行くこともできた。夜食には寮からサンダル履きで、屋台の温かい麺を食べに行くこともできた。

一九四三年、「アッツ島玉砕」や「ガダルカナル撤退」など日本軍が敗走する知らせも聞こえてきた。しかし、戦地ではないサイゴンでは学院の活動が継続していて、サンジャック岬での海水浴なども行われた。八月には夏季錬成として避暑地ダラットへ行った。九月にはイタリアが降伏し、日本では学徒出陣〈註2〉がはじまった。一一月に入ると東京などへの空襲がはじまった。ベトナムでも北部では空襲がはじまったが、サイゴンに敵機が来ることはまだなかった。

一九四四年になると日本の兵隊が数多くサイゴンに集結し、ビルマ方面へと向かって行った。これはインパール作戦〈註3〉に動員された部隊で、北方などから転属してきた将兵だった。この作戦に動員された将兵一〇万人のほとんどが飢餓と風土病に苦しみ、二万六千人が戦死・戦病死し、戦傷病者は四万五千人にも及んだ。

六月になるとヨーロッパではノルマンディ上陸作戦〈註4〉がはじまった。学院生でも一九歳になったものには徴兵検査があった。そして、その年に一期生はくり上げ卒業となり、軍に現地召集されてベトナム各地やシンガポールなどの部隊に配属された。翌年には二期生も現地召集された。

一九四五年三月にベトナムでは「明号作戦」という日本軍の軍事行動があり、現地召集された多くの学院生も参加した。それはベトナム全域に駐屯する九万人のフランス軍を武装解除する作戦だった。アジア全域での制海権、制空権は連合軍側に握られていた。また、ベトナムに駐留するフランス軍は兵力では日本軍を上回っていた。フランス軍が蜂起する前に無力化するのが目的だった。

三月九日の夜に決行されて、ほとんどの地域では朝までに終了したが、三日ほど交戦した地域もあった。一九四〇年九月に日本軍が進駐〈註5〉した際の小競り合いとこの作戦だけがベトナムでの軍事衝突だった。シンガポール、インドネシア、フィリピン、アジア太平洋戦争では各地で激烈な戦闘があり、多くの犠牲者を出した。しかし、ベトナムでは他に大きな軍事衝突はなかった。

## ＊日本の敗戦

八月一五日の敗戦によってベトナムの日本軍は連合国によって武装解除された。ベトナムは一時無政府状態となり、ハノイでは越境してきた中国兵が略奪をはじめた。それまでは特権階級だったフランス人が無差別に暴行されるようなこともあった。その後、植民地の継続をもくろむフランスと民族独立を目指すベトミン（ベトナム独立同盟会）によって第一次インドシナ紛争となった。

太平洋戦争は終わってもベトナムに残留していた日本兵がすぐに日本へ帰れたわけではない。すべての将兵は捕虜収容所に収監され、さまざまな労役についた。軍事施設の下働きが多かったが、警備要員として治安維持に担ぎ出された日本兵もいた。その後、翌年からは日本への帰還がはじまった。

しかし、学院生のなかには帰国を希望しない者もいた。ベトナムの土を踏んで以来、この地に骨を埋める覚悟でいた。しかも日本は荒廃していて食べる物もないと聞く。学院生だけではなく、ベトナムで終戦を迎えた日本兵のなかには残留した兵士も少なからずいた。

残留した多くの元日本兵は、けっして恵まれた境遇ではなかった。経歴や国籍を偽って暮らしていた者もいた。山村で細々と自給自足のような生活をしていた者もいた。また、スパイの容疑をかけられて、逃亡生活を余儀なくされた者もいた。

ベトナム、フランス双方は残留日本兵に自軍への入隊を求めた。特に語学に堪能な学院生は熱心に勧誘された。実際にフランス軍、あるいはベトミン軍へ身を投じる学院生もいた。そのため、戦後一〇年以上経ってから帰国した学院生もいた。しかし、生死もわからぬまま統計上では行方

現存する南洋学院本館。南洋学院は、太平洋戦争中に日本によって作られた高等専門学校だった。

不明とされた学院生もいた。

南洋学院の本館だった建物はホーチミン市五区チャン・フン・ダオ通り六〇六番地に現存している。この建物はベトナム戦争でアメリカが本格的に介入した一九五七年よりアメリカ軍事顧問団の本部として使われた。その後、一九六六年から一九七三年までは兵員の死亡率がアメリカ兵の二〇倍だったといわれる韓国駐留軍の軍事本部だった。

ベトナム戦争の後は建設省のホーチミン市局が使用していたが、現在では民間企業がオフィスとして使っている。ベンタイン市場前のロータリーをチョロン方面に二キロあまり進み右側にあるトヨタのショールームに隣接したクリーム色の建物だ。左右にある建物と番地が同じなので、以前は大きな敷地だったと推測する。門のところにいた守衛さんに南洋学院のことを聞いてみた。
「ここは確かにサイゴン時代の建築だけど…」
彼は少しとまどった様子で肩をすくめてみせた。

**【註】**

〈1〉大東亜共栄圏
日本によるアジア進出を正当化する理論。欧米の植民地となっているアジアの諸民族を解放し日本を核とする経済圏を構築するとした。
〈2〉学徒出陣
兵力不足を補うため、二〇歳以上の文科系と一部の理系学部の学生を在学途中で徴兵して出征させた。
〈3〉インパール作戦
インド北東部のインパール攻略を目指した作戦。補給線を無視した無計画な作戦により膨大な犠牲者を出し、無謀な作戦の代名詞とされている。
〈4〉ノルマンディ上陸作戦
ヨーロッパのドイツ占領地域を奪還すべく連合軍がフランスのノルマンディ海岸へ上陸した作戦。この作戦以降、ヨーロッパでの戦況は連合軍が優位となった。

〈5〉日本軍進駐

松岡洋右外相とアンリ仏大使の会談が東京のフランス大使館で行われ「松岡アンリ協定」が結ばれた。それによって、アジア太平洋戦争がはじまる前に日本軍はベトナムへ進駐した。

## コラム　一般家庭の祭壇

ベトナムの一般的な家庭にある祭壇や信仰についてお話したい。ベトナムの伝統的な家屋は平屋建てが多くて、家の正面中央に祭壇が配置される。ちょうど寺社の中央に御本尊や御神体を祀るのと同じだ。祭壇には、それぞれの家庭で信仰する阿弥陀像とか観音像などが一段高いところに祀られ、その脇には祖先の位牌や遺影が置かれる。また、仏像ではなく、関帝像のような道教の神々やベトナムの伝説的英雄を祭壇の中心に置いている家庭もある。そして、一般的な家では中央の祭壇以外にもさまざまな祭壇を設けていることがほとんどだ。

❖土公神

ベトナム人の家に入って、まず目にするのが〝土公神〟を祀る箱型の祭壇だ。我が家でも玄関を入った正面にお祀りしてある。土公神とは、その土地を守る神や神格化された祖霊を祀ったものだ。土地の神様なので、祭壇は床の上へ直に置かれる。祭壇には「聚寶堂」（宝物が集まる）と記名してあり、商売をしている家庭では特に丁重にお祀りする。毎月の旧暦一〇日は縁日なのでお供え物は欠かせない。仏教の祭壇とは異なり、酒やタバコなどをお供えすることもある。家によっては山盛りのニンニクをお供えしているところもある。これは魔除けの意味があるそうだ。

土公神は財運を司ることから商店では必ず祭られている。国営のベンタイン市場や大型のショッピング・モールでもこの祭壇がある。また、外資系のホテルなどでもロビーの片隅に土公神の祭壇を見かけることがある。

❈カマドの神様

家の台所にはタオ・クォン（Táo Quân／灶君）とよばれる神様をお祭りしてある。日本でも地方によっては〝火の用心〟などを願い、カマドの神様をお祀りしている。しかし、ベトナムでは道教の故事によってお祀りしている。

台所の神様、タオ・クォンは家族が集まる台所の天井から家族の動静を観察している。

「うそをつく者はいないか」「家庭内でいさかいはないか」と目を光らせている。そして、毎年の年末になると天界に昇って実状を最高神である玉皇上帝に報告する。「奥さんはヘソクリをかくしている」などと天界に報告されては大変だ。そのため、年末には祭壇をきれいに掃除してから甘いお菓子をお供えする。甘いお菓子は口に粘るので言いたいことも言えなくなり、告げ口が減るのだそうだ。たぶん、そういう訳だと思うのだが、我が家でも細君は毎日線香を手向けている。

## ❖葬　儀

故人を手厚く弔うのもベトナムの特徴だ。家族や親類などの血縁関係を重視する伝統があり、血族を結束させる先祖供養は現在でも大切な習慣となっている。なかでも通夜と葬式は、盛大に執り行われる。家族が亡くなれば、その夜は寝ずにお守りをする。これは日本でも同じだが、通夜の内容は少し異なる。僧侶がお経を上げて、引導を渡すのは日本と同じだ。しかし、お経の合間にはブラスバンドが大音量で葬送曲を演奏する。また、以前は「泣き女」を雇い、大声で泣いてもらうこともあったようだが、最近ではほとんどない。

日本で通夜といえば酒がつきものだ。しかし、ベトナムの仏式通夜では酒類は一切出ない。食事もすべて精進料理となる。朝までの長い通夜では来葬者が退屈しないように余興が行われる。プロの手品師や軽業師が呼ばれて妙技を披露する。軽業などは家の前の路上で行われることが多い。なかにはコメディアンが派手なアクションで笑いをとることもある。そんな通夜が通常三日くらい続く。最近は略式で一晩だけのことが多いが一週間続けることもある。キリスト教の葬儀でも真夜中にコーラス隊が賛美歌を合唱したり、祈りの輪唱を朝まで続けることがある。キリシタンのオラショを連想するような力強い男性の輪唱は何時間も続けて唱えられる。

葬儀の後で出棺となるが、出棺は早朝に行われることがほとんどだ。深夜から読経がはじまり、朝の五時頃には葬列を組んで火葬場や墓地に向かう。地方では今でも土葬が多いが、都市部では、ほとんどが火葬場で荼毘に付される。

葬列の先頭には赤色灯を点けたジープが走る。ジープが先導するのは長い戦争時代にできた風習だそうだ。交差点では赤信号でもサイレンを鳴らして通過する。ベトナムの交通法規では、霊柩車は優先車両として規定されている。例えばフェリーボートに乗る場合、順番とは関係なく先頭に割り込むことができる。火葬場や墓地への野辺送りでは、六文銭を印刷した薄紙を道路に撒きながら進む。これは道の精霊に無事な通過を依頼する賄賂なのだという。

# 第六章

# 統一会堂（旧大統領官邸）

統一会堂（旧大統領官邸）より、聖母マリア教会方面を望む。

## ＊ノロドム宮殿として出発

ホーチミン市のランドマークである聖母教会の裏手に出ると左側には公園の木立が見える。その緑の向こう側にそびえる白亜の宮殿が統一会堂（旧大統領官邸）だ。

一八五九年にフランスはサイゴンを攻撃して占領した。この戦いの後、グエン朝との講和によりサイゴンはフランスに割譲された。そして、一八六八年にはコーチシナ総督官邸の建設がはじまった。その後勃発してフランスが敗れたプロイセン戦争の影響で工事は一時停滞したが、一八七三年には完成した。一九世紀のサイゴンでは多くのコロニアル建築が造られたが、規模、費用ともに最大のものがこの総督官邸だった。

完成した官邸は、ノロドム宮殿と命名された。同時に整備された官邸前の大通りもノロドム通りと名付けられた。ノロドムとはカンボジア国王の名だ。しかし、ノロドム国王はプノンペンの王宮にいて、この官邸は使っていない。この時点ではインドシナ全域での植民地化は確定していなかったため、グエン朝以前の領主だったカンボジア国王の名前を使ったのかもしれない。

フランス統治時代のベトナムはトンキン（北部）、アンナン（中部）、コーチシナ（南部）に分割されていた。このサイゴンに建設された官邸は南部コーチシナの総督官邸として建設された。その後＊フランス領インドシナ連邦が建国された一八八七年からはインドシナ全権総督の官邸と

統一会堂左脇門。1975年4月30日、この門から解放軍の戦車が突入した。

なった。前記した『南国記』（一九一九）の著者は総督官邸を訪れている。

「道路は巴里《パリ》の如くに作られて、恰《あたか》も玉突き台の如く平坦にして且つ整正を極む。…是より進んで総督の宮殿に至れば、その壮麗なること更に巴里の建築の或るものに劣らざるを見ゆ」

アジア太平洋戦争の直前、一九四〇年に「松岡アンリ協定」が結ばれ、日本軍のインドシナ進駐が認められた。そのため官邸の一部を日本政府も使っていた。しかし、行政主権はフランスにあったので、太平洋戦争中もフランスの総督公邸であることに変わりはなかった。

戦争が終わり日本軍が撤退した一九四五年、北部ハノイではホーチミンが民族独立を宣言した。しかし、侵入してきた中国軍やフランス・イギリス連合軍に対抗するには武力が不足していた。ホーチミンらが組織したばかりのベトミン軍では、小銃すら持っていない兵士もいた。そのため、ホーチミンたちは首都ハノイを離れて山岳地帯での潜伏をよぎなくされた。

一方南部では、フランス政権が首都をサイゴンとするコーチシナ共和国を建国した。しかし、国民から支持されなかったため一九四八年にベトナム臨時中央政府を建国した。これにも支持は得られず、一九四九年にはグエン王朝のバオダイ帝を国家元首とするベトナム国を建国した。なんとかして国民の支持を得ようとするフランスは昔の王様を担ぎ出して元首としたのだ。しかし、その実体は傀儡《かいらい》政権であることを国民の誰もがわかっていた。

そうこうするうちに、北部ではベトミン軍が力を付けてきた。交渉の達人だったホーチミンは、それまで意志統一できなかった北部地域の民衆を結束させた。また、中国から武器の供与を取りつけた。すぐれた政治家にはそれぞれの特長がある。強烈なカリスマで強引に引っぱってゆくタイプもいる。地道な事務処理を堅実にこなしてゆく政治家もいる。ホーチミンの場合、交渉ごとが不思議なほど巧みだった。何度交渉を重ねても妥結しない協議でもホーチミンが話せば同意を得られた。

そして、増強された兵員を指揮していたのが、天才戦術家といわれるボー・グエン・ザップだった。一九四八年、当時三〇代だった彼はベトミン軍の大将となった。現在でもベトナムで

"Đại tướng"（大将）といえばザップ将軍のことだ。

一九五四年の「ディエン・ビエン・フーの戦い」ではベトミン軍が勝利し、フランス軍は致命的な敗北を被った。その戦後処理として同年に締結されたのがジュネーブ協定だった。

ちなみに、このジュネーブ協定だがジュネーブ条約と混同されることがある。ジュネーブ条約とは捕虜の取り扱いを定めた国際条約だ。

*フランス領インドシナ連邦

インドとシナ（中国）の間に位置するベトナム、ラオス、カンボジアを統合したフランスの植民地の呼称。

## *一九六〇年・独立宮殿と改称

ジュネーブ協定によりベトナムは南北に分断されてしまった。そしてフランスに亡命していたゴ・ジン・ジェムが南ベトナムに呼び戻された。ジェムはグエン王朝に使える家柄であり、ミドルネームのジン（Đinh／廷）とは廷臣（朝廷に仕える臣下）の意味だ。

フランスは南ベトナムでベトナム国を建国した。元首はバオダイ帝であり、内閣の首相に指名されたのがジェムだった。その直後、ジェムは選挙でバオダイ帝を廃し、自分が大統領になった。この選挙では得票数を操作したという噂《うわさ》もあるが、このときからジェムが公邸の主になった。そして公邸の名称を独立宮殿と改め、国名もベトナム共和国とした。

ジェムが大統領に就任すると強行な反共政策を実施した。また、偏狭的なカトリックだった彼はカトリック教徒をあからさまに優遇した。政府部内や軍部では、カトリック教徒を要職につけて、昇進にも差をつけた。また、カトリック教会には税金や土地使用の優遇措置を実施した。しかし、仏教の寺院や僧侶は激しく弾圧した。また、仏教徒だけでなく、彼に反対する勢力には容赦しなかった。

そういった強硬政策で彼の手足となったのが実弟のゴ・ジン・ヌーだった。ヌーの肩書きは大統領顧問だったが、実質的には秘密警察の長官だった。大統領のジェムは独身だったため、弟ヌーの妻、チャン・レ・シュアンがあたかも大統領夫人のように振舞っていた。公式行事にたびたび登場する彼女のことを当時のマスコミは〝マダム・ヌー〟呼んでいた。

このマダム・ヌーの一族はフエ市に住んでいたころにベトミン軍に拘束されたことがある。彼女の母親がグエン王家の遠縁にあたる、というのが逮捕理由だった。拘束は四ヶ月におよび、彼女の兄や家族数名が処刑された。このことがきっかけとなり、彼女は極端な反共主義者になったといわれている。

ベトナムでは国民の八割近くが仏教徒だ。そのため、国民の多くがジェム政権に反発した。そ

統一会堂。この建物の歴史は、ベトナム現代史そのものだ。

れに対しジェムはますます取り締まりを強化していった。フエ市では、毎年の春にお釈迦様の誕生を祝う潅仏会《かんぶつえ》（花祭り）が盛大に行われる。その祭りの最中に戒厳令を布告して多くの僧侶を逮捕した。逮捕理由は「公式の場で宗教の旗を掲げてはいけない」という法律によるものだった。この法律は昔からあったが、実際に適用されたのは、これがはじめてだった。

一九六三年五月、それに対しフエ市では大規模な反政府デモが行われた。デモの鎮圧では実弾や手投げ弾が使用されて多くの死者が出た。真夜中に南ベトナム各地の寺院が一斉に秘密警察の捜索を受けて、一四〇〇人もの逮捕者を出したことがあった。このとき逮捕されて、その後行方不明となった仏教徒は数百名にも上る。

そういった背景のもと一九六三年六月一一日にフエ市天姥（ティエンムー）寺の僧侶ティク・クアン・ドック師はサイゴンの路上で焼身自殺を遂げた。抗議の焼身自殺はドック師だけに止まらず、その後何人もの僧侶や信者が追従している。また、このことは世界のベトナム反戦運動に波及して、日本やアメリカでも抗議の焼身自殺が発生した。フランスでも抗議の焼身自殺があり「フランシーヌの場合」という歌が創られた。

ドック師が焼身自殺を遂げたのは現在の三区人民委員会前だったが、その建物は現在でも当時のままに残っている。また、道路を挟んだ反対側にはドック師のモニュメントが建設されている。

ドック師の焼身自殺は事前に予告されていて世界中に報道された。それを受けてマダム・ヌーはテレビのインタビューで発言した。

「坊主が一人バーベキューになっただけじゃないの。ナンセンスだわ。またやるんなら、わたくしがガソリンとマッチをプレゼントしてもよくってよ」


*ホーチミン市三区人民委員会「Ủy ban nhân dân quận ba」

*ドック師のモニュメント「Đài tưởng niệm Bồ tát Thích Quảng Đức」402 Cách mạng tháng Tám quận 3

## ＊ザーロン宮殿（現・ホーチミン市博物館）

民意とはかけ離れたジェム政権に対して政府内部でも反発する動きがあった。一九六〇年の一一月にはクーデターが計画されたが、未遂に終わった。一九六二年の二月には造反した空軍機二機が独立宮殿を爆撃した。襲撃されたとき宮殿内にいたジェム大統領は難を逃れているが、宮殿の北側は大きく損傷してしまった。そのため、ジェムは宮殿の再建を指示した。新たに建築される建物は大統領官邸として設計された。依頼されたのはゴ・ベト・チューというベトナム人建築家だった。そして、ジェム大統領は近くの＊ザーロン宮殿に官邸と執務室を仮に移した。

現在、このザーロン宮殿はホーチミン市博物館となっている。この建物はサイゴンで建築されたコロニアル様式の傑作のひとつだ。もし、機会があれば是非ともご覧いただきたい。

一九六三年一一月一日、軍部主導のクーデターが発生してジェム大統領と弟のヌーは殺害された。それまでにもクーデターは何回かあり、いずれも失敗しているが、このときは周到に準備されて成功した。このクーデターはアメリカＣＩＡが計画して、サイゴン地区の軍事司令官だったズオン・バン・ミンが実施したものらしい。その当時ジョン・Ｆ・ケネディ大統領はベトナム戦争の戦術強化を画策していた。調査のため南ベトナムを訪れたジョンソン副大統領は「ジェム政権は民意から遊離している」と報告している。そして、弟のヌーを「ジェム以上に好ましくない

ホーチミン市博物館。この建物は、サイゴンで建設されたコロニアル様式の傑作の一つだ。

同上。この建物は、かつてザーロン宮殿と呼ばれ、大統領の臨時官邸と執務室があった。

取り巻き」と評している。その後、アメリカの駐在大使を通じてケネディ大統領はヌーの更迭を要求した。しかし、ジェムはそれを拒否した。それに対しアメリカ側は「ジェム本人すら保護できない可能性もある」と警告したといわれている。そして、これは偶然だと思うのだが、ジェムが殺害された二一日後の一一月二二日にジョン・F・ケネディ大統領も暗殺されている。

*ザーロン宮殿（現ホーチミン市博物館）「Bảo tàng thành phố Hồ Chí Minh」65 Lý Tự Trọng, phường Bến Nghé, quận 1

## *大統領官邸へ改称

新たに建築された大統領官邸は一九六六年に完成した。建物は以前より一回り大きく、高さは二六メートルになった。一階には閣議室やホール、二階には大統領官邸と執務室などが建築された。三階には大統領夫人応接室や映写室、娯楽室などがある。最上階の四階はダンス・ホールとバーになっている。地下には緊急時作戦司令部があり、通信装置などが設置された。そして、通りの斜向かいにあるザーロン宮へ抜ける地下トンネルも構築された。

設計者ゴ・ベト・チューの説によれば、風水の理論によりデザインされているという。本館正面のバルコニーは三段に張り出しているので〝王〟の字となり、その上に国旗を掲げれば〝主〟

右：大統領官邸からザーロン宮殿に抜ける地下トンネル。
左：官邸地下には、緊急時作戦司令部や通信装置が設置された。

の文字となる。また、建物全体を上から鳥瞰（ちょうかん）すれば"吉"の字となるという。このことを知り合いの風水家に聞いてみたところ「ただの縁起かつぎだろ」と一蹴されてしまった。

この新しい官邸の大統領席にはじめて座ったのはグエン・バン・チュー大統領だった。チュー大統領は軍部出身で、一九六三年のクーデターにより頭角を現し一九六七年の大統領選挙で選出された。六〇年代の後半といえば、ベトナム戦争が一歩ずつ泥沼化していった時代だ。サイゴン市内でもゲリラ攻撃や爆弾テロが相次いで発生していた。

一九六八年一月三〇日の夜からベトナム各地で北ベトナム人民軍と解放戦線が協調した一斉攻撃がはじまった。後に呼ばれるテト攻勢だ。サイゴンでも大規模な攻撃があり、大統領官邸やラジオ放送局などが襲撃された。

攻撃がようやく下火になった二月四日、市内各所では潜伏している工作員の捜索がはじまった。チョロン地区では、一人の青年が逮捕されてミン・マン・ク通り（現ゴ・ヤ・テゥ通り）に引き出された。そこにジープで駆けつけたロアンは無造作に三八口径リボルバーを取り出して側頭部を打ち抜いた。このときの一部始終はＡＰ通信のエディ・アダムスによって写真報道され、世界中から非難が殺到した。殺された青年の名は〝レ・コン・ナ〟あるいは〝グエン・バン・レム〟といわれているが、この日に殺された活動家は少なからずいたため特定できずにいる。

ロアンはグエン・カオ・キー首相兼副大統領の右腕と呼ばれていて、国家警察の長官だった。これはサイゴン地区を管轄する憲兵隊の隊長のようなものだ。ロアンにまつわる噂話はいくつもあるのだが、あまりいい話は聞こえてこない。汚職、賄賂、裏取引、そんな言葉が彼のまわりには付きまとっている。例えば、チンピラが逮捕されると兄貴分はロアン隊長に会いに行く。そこで相応の金銭を渡せば、すぐに釈放されるというのだ。カオ・キー首相についても麻薬売買に関係していたという噂がある。なかには「麻薬の輸送にパン・アメリカン航空を使った」などという話まである。この時代の南ベトナムでは彼らだけでなく政治腐敗の話が数多く残っている。

## ＊パリ和平協定とアメリカ軍の撤退

一九七三年パリ和平協定が締結された。これにより南北双方の軍隊は軍事行動を停止することになった。アメリカは数年前から全面撤退を模索していたが、この協定により面目を保ちながら撤退することができた。しかし、停戦協定があっても実際の戦闘は止まらないものだ。このことは現在の中東などでも同じだ。ベトナムでは一九五四年のジュネーブ協定でも停戦が決議されたが、南北双方ともに軍事行動を止めることはなかった。

南ベトナムではアメリカの支援がなくなったことで軍事だけでなく経済にも大きな影響があった。世界銀行の統計によると一九七二年には国民一人あたり二〇〇ドルだった南ベトナムのGDPは、一九七三年には八九ドルに落ち込んでしまった。そして、国防上の不安や経済的な不満はグエン・バン・チュー政権に集中した。しかし、チュー大統領は、強硬な反共路線をかたくなに堅持していた。

一九七四年末になるとフォックロン省が北から攻撃され、一九七五年の新年早々には省都フォックビンが制圧されてしまった。フォックビンはサイゴン北方一三〇キロにあり、国道を南下すればサイゴンまで半日もかからない距離にある。サイゴン市内では劇場やナイトクラブなど、すべての娯楽施設が閉鎖された。それまでにも実施されていた夜間外出禁止も夜一二時から一〇時、九時、八時と日を追って早められた。三月のはじめには中部のバンメトート市が制圧され、三月末にはフエ市、ダナン市が陥ちた。この頃になると国外に脱出する人たちが目立ちはじめる。民間人だけではなく軍の将校クラスでも国外逃亡が相次いだ。

四月八日午前八時、飛行禁止なはずのサイゴン上空に自軍のF5―E戦闘機が飛来し、大統領官邸を爆撃した。この戦闘機は南ベトナム空軍、ビエンホア基地のグエン・タン・チュン中尉が

統一会堂３階にある爆弾が投下された場所の印。

操縦していた。この爆撃で大統領官邸の三階屋上が損傷した。現在、屋上は修復してあるが、爆弾が投下された場所には赤いペンキで印が付けてあり、本館四階から見ることができる。また、爆撃に使用された飛行機と同型のF5―Eは、統一会堂（旧大統領官邸）の敷地内に展示してある。

二一日、ついにチュー大統領は辞任した。憲法の規定によりチャン・バン・フォン副大統領が昇格した。新たな大統領に課せられた使命は北との和平交渉だった。交渉にはフォン氏よりもズオン・バン・ミン将軍の方が適任だということで、ミン将軍に次期大統領就任が打診された。しかし、将軍は固辞した。そこで、「大統領は次期大統領を指名できる」という臨時の法律を制定し、ミン将軍を大統領に指名した。

二八日にズオン・バン・ミンは大統領に就任したが、そのときすでにサイゴンの外郭にあるビエンホア基地

統一会堂庭に展示されている、突入した北ベトナム軍のＴ型戦車と同型の戦車。

やタン・ソン・ニャット空港は砲撃を受けていた。ミン大統領は停戦を呼びかけた。しかし、北ベトナム軍はそれに耳を傾けることなく進撃してきた。

二九日、サイゴンを取り囲んだ北ベトナム人民軍二〇万人の将兵は五ルートに分かれて進撃を開始した。南側の大規模な反撃を予想して慎重に進撃したが、途中で大きな反撃はなかった。

三〇日午前、ミン大統領の重苦しい声がラジオから流れた。

「大統領として、すべての将兵に命令する。すべての戦闘を中止せよ。もうこれ以上無駄な血を流すべきではない」

戦うことなくその場で待機する命令だったが、南ベトナム軍の軍服を脱いで逃走する兵士も数多くいた。そのため、人民軍が進撃する国道わきには共和国軍の軍服が散乱していた。人民軍はサイゴンの主要な施設五ヶ所を占拠するように命ぜられていた。そのなかでも一番重要な目標は大統領官邸だった。

四月三〇日正午、人民軍のT型戦車が官邸の門扉を破って突入した。このときの映像は、日本でも数多く紹介されている。しかし、はじめて官邸に突入したのはこの戦車ではない。戦車が突入する前には撮影隊が入ってカメラを据えている。カメラの準備ができてから〝スタート〟の合図とともに戦車は入った。しかし、最初に入った戦車は中国製だったため政治的配慮からNGとなった。次にソ連製の戦車がすでに開いている正門の左側へ入ったところを撮影した。このときはテストや予備を含めて合計五回ほど戦車は突入したそうだ。

＊統一会堂（旧大統領官邸）「hội trường Thống Nhất」135 Nam Kỳ khởi nghĩa, phường Bến Nghé, quận 1

## ＊後日談・サイゴン政権の重鎮たちのその後

ノロドム宮ができた当時のカンボジア国王はノロドムだった。その二代後のカンボジア国王、シソワット・モニヴォンは孫のノロドム・シアヌークを次期国王に指名した。当時シアヌークは、サイゴンのリセを卒業してフランスの軍学校に入学したばかりだった。シアヌークがサイゴンで通っていたリセは旧大統領官邸のすぐとなりにある「ジャン・ジャック・ルソー校」（現レ・クイ・ドン中学校）だった。その後、カンボジアはクメール・ルージュによる大きな戦乱に巻き込まれる。シアヌークは政治活動に専念するため王位を父親のスラマリットに返上した。そのため、国王ではなくシアヌーク殿下と呼ばれることが多かった。そして、二〇一二年に北京で八九歳の生涯を閉じた。

ゴ・ジン・ジェムと弟のヌーはクーデターで殺害された後、遺骸はサイゴンの外人墓地（現レ・バン・タム公園）に葬られた。しかし、一九八三年の都市再開発により墓地は掘り起こされて公園となった。現在、二人の遺体はビン・ユン省の共同墓地へ改葬されている。その墓石は元大統領とは思えないような質素なものだ。

マダム・ヌーことチャン・レ・シュアンはクーデターの逮捕リストに名前が入っていた。事件当日、もし彼女がサイゴンにいたならば夫のヌー同様に殺害されていたかもしれない。しかし、彼女自身は娘とともにカルフォルニア州ビバリーヒルズに滞在していたため難を逃れた。その後、帰国を願い出たが許可されず二〇一一年にローマの病院で息を引き取った。

ベトナム共和国第二代大統領グエン・バン・チューは敗戦の九日前に辞任した。辞任時のテレビ演説では「サイゴンにとどまり、ベトコン〈註1〉と戦うべきだ」と力説していた。そして、その数日後にアメリカの輸送機で出国している。その後はアメリカで暮らし二〇〇一年にボストンで死去した。

副大統領であり首相を務めたこともあるグエン・カオ・キーは亡命したグエン・バン・チュー元大統領を公然と非難していた。北の人民軍がサイゴンの近くまで迫っていた四月二五日、カトリック教会に支持者を集めて演説した。

「私はサイゴンで死ぬまで戦う。敵を前にして逃げるのは卑怯者だ」

その演説の直後に彼はアメリカへ出国して二〇〇一年、アメリカのマサチューセッツ州で死去した。

ベトナム共和国最後の大統領となったズオン・バン・ミンは、シアヌーク殿下と同じリセ「ジャン・ジャック・ルソー校」の出身だ。ミンの方が五期早い入学だが、当時のリセは七年制だったため校内で顔を合わせたこともあったかもしれない。戦後は他の政府首脳と同様に幽閉されていたが、一九八三年にフランスへの出国が許された。その後、妻と娘がいるアメリカに渡り、二〇〇一年にカリフォルニア州で死去している。

大統領官邸を爆撃した空軍中尉グエン・タン・チュンは、かねてより北と密約があって四月八日に造反したといわれている。戦後になり、彼はベトナム航空に請われて入社した。同社では指導教官兼任のパイロットとなった。政府首脳の外遊では、彼がチャーター機のパイロットを勤めることが多かった。南北統一後、ベトナムの首相がはじめてニューヨークへ行ったときのパイロットも彼だった。その後、ベトナム航空の副社長となり、二〇〇八年に定年退職を迎えた。

国家警察長官グエン・ゴック・ロアンは、敗戦の直前にアメリカへ出国している。その後、アメリカで暮らし一九九八年に六七歳で病没した。アメリカのマスコミでもロアンは冷酷な処刑人として報道されていた。ワシントンＤＣの郊外でピザの店をはじめたが、風評により商売は長続きしなかった。店には「おまえが誰だか知ってるぜ、クソ野郎」などと落書きされたこともあった。そんな状況を見かねて、写真を撮ったＡＰ通信のエディ・アダムスはタイムズ誌に談話を発表している。

「将軍はベトコンを殺したが、わたしはカメラで将軍を殺してしまった〈註２〉」

また、別の雑誌ではこんなことも話している。
「彼はヒーローなんだ。そして涙を流すべきはアメリカだ〈註3〉」

**【註】**

〈1〉ベトコン
Việt cộng（越共）あるいはVietnamese Communist（ベトナム共産主義者）の略称。南ベトナム政府に対して抵抗活動をする民族解放戦線のことを蔑称して南ベトナム大統領のゴ・ジン・ジェムが呼んだといわれている。

〈2〉The general killed the Viet Cong; I killed the general with my camera … "What would you do if you were the general at that time and place on that hot day, and you caught the so-called bad guy after he blew away one, two or three American soldiers?（将軍はベトコンを殺したが、わたしはカメラで将軍を殺してしまった… 燃えるようなあの日、あの場所で、もしもあなたが将軍だったらどうするだろうか。あの悪党は複数のアメリカ兵を殺していたのだ）

〈3〉The guy was a hero. America should be crying. I just hate to see him go this way, without people knowing anything about him(彼はヒーローだったんだ。涙を流すべきはアメリカだ。人々が彼のことを知らないままだなんて、わたしには忍びない）

## コラム　戦争証跡博物館

サイゴン時代のものではないのが、ホーチミン市に来たならば是非とも立ち寄ってほしい施設がある。

ベトナム戦争が終わった直後からさまざまな資料の収集がはじめられた。そして、収集物の管理のために博物館が設立された。現在までに収集した資料は約一万五、〇〇〇点あり、その中には日本から寄贈されたものも少なくない。

この博物館の〝戦争〟とはベトナム戦争のことだ。フランスに抗戦した第一次インドシナ紛争の展示もあるが、アメリカが介入したベトナム戦争を中心として展示してある。回想の部屋、戦争罪悪の部屋など全体は八つのテーマに分けられている。この博物館に来たならば、まず、最上階の三階に上がっていただきたい。そして、①と表示されたドアから番号順に見学すれば見落としがない。

屋外にも重要な展示がある。正門の左側にはコンダオ刑務所を再現した展示があり、その中にはギロチン（斬首台）がある。これは模型ではなくマルセイユ港から二〇世紀のはじめに持ち込まれて、実際に使われていたものだ。本館の裏門側には中村梧郎氏が撮影したマングローブ林の写真が大きく引き伸ばされて外壁にある。マングローブ林は枯葉剤により一枚残らず葉が落ちていて、木の幹だけが泥の沼に突き出している。そこにひとりの少年がいて、こちらを向いている。枯葉剤は民族解放戦線など北の勢力が潜む密林を枯らすために米軍の航空機から莫大な量が散布された。この薬剤には猛毒のダイオキシンが含まれていた。そのため植物だけでなく、そこに暮らす多くの人々に致命的な被害を及ぼした。直接の被害として生命を奪われた人も少なくないが、薬害による先天性奇形や癌《がん》、神経症などを患っている

戦争証跡博物館。ベトナム戦争中の様々な資料が集められている。

戦争証跡博物館の庭に置かれたギロチン（斬首台）。これは20世紀初頭にフランスから持ち込まれた本物だ。

人は数知れない。この写真に撮影された少年も数年後に神経性疾患で亡くなっている。

＊戦争証跡博物館「Bảo tàng Chứng tích Chiến tranh」28 Võ Văn Tần, Phường 6, Quận 3 http://www.baotangchungtichchientranh.vn/ （年中無休、七時三〇分から一七時まで。ただし一二時から一三時三〇分は退場となる）

## コラム　ツーズー病院平和村

結合双生児、ベトちゃんドクちゃんは一九八一年にラオス国境に近い中部の高原で生まれた。中部高原は、いわゆる＊ホーチミン・ルートが交錯する激戦地だったため枯葉剤が重点的に散布された地域だった。枯葉剤の被害によりベトナムでは先天的な障がいを持った子どもが数多く生まれた。そして、現在でも枯葉剤の被害者だと認定される障がい児は後を絶たない。枯葉剤のダイオキシンは遺伝子を傷つける。そのため、親から子へと被害は受け継がれてしまうことがあるのだ。重度の障がいがあり、ベトナム医療省に枯葉剤被害者だと認定された子どもを養育するため、平和村は設立された。ベトちゃんドクちゃんは七歳のときにツーズー病院で分離する手術を受け、その後はこの施設で養育された。残念ながらベトちゃんは亡くなってしまったがドクちゃんは成長して、現在は平和村の事務所に勤務している。
　平和村は特別な紹介がなくても訪問することができる。ただし、予約を取ってから来ていただきたい。Eメールで日時、団体名、訪問目的、人数などを明記し、承諾をもらってから来てほしい。Eメールはベトナム語が望ましいが、日本語や英語でもかまわない。また、訪問する場合は土日や休日、昼休みの時間帯（一一時から一三時）を避けてほしい。それから、この施設は寄付金によって多くの部分がまかなわれている。金額は問わないが必ずご寄付をお願いしたい。

*ツーズー病院平和村「Làng Hòa Bình bệnh viện Từ Dũ」284 Cống Quỳnh, Quận 1
Eメール：hoabinh_village@yahoo.com
*ホーチミン・ルート
南で活動する民族解放戦線へ物資を補給するためにベトナム北部から南部へ開通させた輸送路。ベトナム、ラオス、カンボジアの国境を形成するチュオンソン山脈を縫うように通っているためベトナム語では「チュオンソンの道」とも呼ばれている。

# 第七章

# 鉄　道

サイゴン駅構内にある案内所。ここなら英語が通じる。

## *鉄道開通

ベトナムではじめて鉄道が開通したのは一八八一年、サイゴン―チョロン間だった。インドシナ半島全域で産出される大量の米はほとんどがチョロンに集積される。この当時のチョロンには日産一〇〇トンを超える大規模な精米所が一〇軒と中小の精米所が数十軒あった。その精米所のほとんどは華僑によって経営され、日曜日でも休むことなく操業されていた。そのため、一日に集積される米は数千トンにも達していた。しかし、チョロンには大型船を着ける港がないので、積み出しはサイゴン港で行われた。

そんな経済の要路であるサイゴン―チョロン間は人の往来も少なくない。当時の人と物を運ぶ主な交通手段は舟による運河輸送だった。ところが、チョロンを流れる運河はどれも浅くて、小型の艀《はしけ》しか運航できない。また、干満の影響を受けるため、一日の半分は足止めされてしまう。サイゴン―チョロン間のメイン・ルートだった〝シナ運河〟(現ベンゲー運河)も浅い運河だった。その上、シナ運河は狭いところだと幅が二〇メートルくらいしかない。そんな運河に無数の小舟が殺到するため運用効率は極めて悪かった。

一八世紀後半からメイン・ルートであるシナ運河を補うバイパスの運河がいくつも建設された。フランスのサイゴン占領(一八五九年)以降も運河の新設や拡張工事は続いた。また、サイゴンを起点とする道路もチョロンまで整備された。しかし、大量輸送を実現するためには鉄道が必要だった。また、鉄道は西洋文明の象徴であり、フランスが目指していた〝東洋のプチパリ〟には必要不可欠な要素だった。

鉄道の敷設が一八七〇年代から計画されたが、投資会社とフランス政庁との折り合いがつかずに鉄道建設は進展しなかった。

一八七九年、フランス政庁の認可により鉄道建設がはじまった。敷設されたのはサイゴンとチョロンを結ぶ〝シナ運河〟に沿ったルートだった。一八八一年、「コーチシナ蒸気路面鉄道会社」の運営により鉄道が開通した。運行する機関車はフランスのアルザス機械会社が製作した「一二〇T型」だった。これは遊園地にあるような小さな機関車だ。しかも、レールは道路に敷設してあり、蒸気機関車が車両を牽引する路面電車式の鉄道だった。

一八八五年、チョロンからの路線はさらに西へ延長されてミトーまで開通した。メコン川東端にあるミトーの船着場はメコンデルタの農産物が集積される。サイゴン—ミトー間七一キロは三時間で運行された。平均速度は時速二四キロ。これは現在で考えると、のんびりとした速度に思えるかもしれない。しかし、当時としては画期的な時間短縮だった。鉄道開通以前のサイゴン—ミトー間は馬車で湿原を縫うようにして進み、一二時間以上もかかっていたのだ。

## ＊サイゴン駅

ベンタイン市場からサイゴン川まで伸びるハムギー通りには線路が敷設されていた。一番最初に建設されたサイゴン駅はハムギー通りがサイゴン川に突き当たる地点にあった。現在、ベトナムで一番の高層ビル、ビテスコ・フィナンシャルタワーがあるあたりに駅舎があった。そこは〝グラン運河〟（現グエンフエ通り）がサイゴン川に合流する地点でもあった。線路はハムギー通りの中央を走っていた。一九一五年、サイゴン駅は移転して、駅舎は取り壊されたが、ハムギー通りに敷設された線路は一九六〇年頃まで残っていた。

二番目に建設された場所はベンタイン市場前の広場に面していた。最初のサイゴン駅が開業したとき、路線はチョロン方面だけだった。その後、ビエンホアなどへ向かう路線が増設された。一九一〇年頃になると列車の本数が増えたため、広い駅舎と操車場が必要になった。そして、西方面と東方面の線路が分岐する地点に新駅と駅前広場が建設されて、一九一五年に開業した。

広場の西側、現在＊〝九月二三日公園〟となっている場所が新駅の駅舎と引込み線だった。広場に面した位置に北方面の駅舎があり、西方面発着の駅舎は四〇〇メートルほど西へ離れていた。

新駅が開業した一九一五年はベンタイン市場が開設された翌年にあたる。それまでサイゴンの市場は現在の〝旧市場〟（Chợ Cũ）がある位置にあった。しかし、これも駅と同様で、人口増加に対応するため新たにベンタイン市場が建設された。一九世紀末に二万人ほどだったサイゴンの人口は二〇世紀のはじめには一〇万人以上になっていたのだ。

## ＊駅前広場

かつてのサイゴン駅に降り立ったならば、どんな風景が見えただろうか。駅舎の前には大きなロータリーになっている円形の広場がある。もっとも目を引いたのは左側にあるベンタイン市場だろう。そして、ロータリーの向かい側正面にはサイゴン救命センターがあった。この病院は二〇世紀のはじめに建設され、現在ではサイゴン総合病院となっている。その右側はインドシナ鉄道会社の本社ビルだった。この建物は現在でも鉄道総局の事務所として使われている。

ロータリーを挟んで、ベンタイン市場の向かい側は現在バスターミナルになっている。サイゴン時代、この場所にはチョロン方面へ行く市電が通り、その手前は辻馬車や人力車の車溜りだった。昔の写真を見るとサイゴンの人力車は日本の人力車とよく似ているものがある。もしかして、と思って日本からの輸出品目を調べたところ昭和初期のリストに〝人力車〟という項目があった。一九四〇年の一一月一九日から大阪朝日新聞で『仏印縦走記』という記事が連載された。記者はハノイから列車に乗りフエで一泊してからサイゴンに降り立った。

「午前十一時仏印の汽車にしては珍しく正確に列車は西貢《サイゴン》駅に滑り込んだ。扇風機の廻る車室から汚いごみごみしたフォームに降り立つとトタンに暑い空気がムーッと身体を包んで頭がクラクラとなる。…　河内《ハノイ》は都会という感じはしないが、西貢はさすがに都会らしいたくましい臭気に浸っている。まず目につくのはフランス人も多いが、支那人の恐ろしく多いことで、綺麗な旗袍《チーパオ》（チャイナドレス）を着た姑娘《クーニャン》が颯爽と歩いている。上海や香港と感じは一緒だ。この点支那人の少ない河内とは断然ちがう。また色の黒い印度人も多い。さすがに南国らしい色彩は濃厚である」

当時、東方面から中華街のチョロンへ行くにはサイゴン駅で乗り換えとなった。そのために中華系の人が目に付いたのかもしれない。また、サイゴン駅の西側にはヒンズー教の寺院がありインド系住民の居住地域だった。そのため、駅の周辺でインド人を見かけることも多かったのだろうと想像する。

*この公園の名はフランス植民地政権への抗戦がはじまった一九四五年九月二三日を記念して命名された。

## ＊現在のサイゴン駅

サイゴン—チョロン間には鉄道本線以外に路面電車も二系統新設されていた。しかし、太平洋

サイゴン駅。表通りから細い道を進むと突然到着する。

戦争以降のサイゴンは戦乱の時代となり、鉄道は機能しなくなっていた。特にメコンデルタへ向かう西方面の線路は一九五八年頃から使われなくなったままだった。

一九七五年にベトナム戦争は終結し、鉄道の再開が期待された。機能しなくなっていた中心街の線路を廃止して、新たなサイゴン駅が建設されることになった。一九八三年、サイゴン駅の西隣りにあったホア・フーン駅の操車場だった場所に現在のサイゴン駅が建設された。そのため、年配の人などは現在のサイゴン駅をホア・フーン駅と呼ぶこともある。

## ＊南北縦断鉄道

二〇世紀のはじまりとともにハノイ―ハイフォン間（一九〇二年）、ハノイ―ラオカイ間

1930年代にサイゴン－ハノイ間を走っていたミカド号。

（一九〇六年）など北部でも鉄道の路線が延長されるようになった。中部でもフエ－ダナン間（一九〇六年）などが開通した。また、南部の鉄道もサイゴン駅から北への路線を順次延長していった。それらの路線を接続してハノイ―サイゴン間を走る南北縦断鉄道が実現されたのが一九三六年一〇月だった。

開通当初、ハノイ―サイゴン間一七二六キロは六〇時間かかった。その後、機関車の大型化により所要時間は四〇時間に短縮された。スピードアップのために採用された機関車はアメリカ、ボールドウイン社の「ミカド型」やその発展形である川崎重工の「D五二型」だった。ちなみにこの〝ミカド〟という名称は欧米で流行していたジャポニズムから命名されたものだ。

一九三七年に日中戦争が勃発し、戦端は年々拡大していった。当時はラオカイから中国の雲南鉄道へ接続する路線とドンタンから南寧に国境を越える路線があり、中国軍を支援する主な経路となっていた。その後、アジア太平洋戦争になると鉄道の橋や列車は格好の攻撃目標となった。特に制海権、制空権が連合国側に握られた一九四四年以降は航空機による攻撃によりベトナム全土の鉄道は運行を停止した。

一九四五年に太平洋戦争が終り南北縦断鉄道は再開された。しかし、一九五四年のジュネーブ協定によって国が南北が分断されると鉄道も分断されてしまった。また、一九六〇年代になりベトナム戦争が激化すると、南部の鉄道は解放戦線の標的となった。北部の鉄道はアメリカ軍による爆撃で重大な被害を受けた。そのため、ベトナム全土で鉄道は再び運行不能となった。

一九七五年、ベトナム戦争が終結し南北が統一された。そして、一刻も早く南北縦断鉄道が再開されることが期待された。そのため、線路の整備は戦後復興の最優先事項として推進された。一九七七年一月四日、ハノイ―サイゴン間で統一鉄道の一番列車が運行された。このときはハノイ―サイゴン間を六〇時間かけて縦断した。

ちなみに、一九七五年からサイゴン市はホーチミン市に改名された。しかし、改名されたのは〝市〟の名称であり、現在でも駅名は〝サイゴン駅〟となっている。

## ＊現在の鉄道

現在、サイゴン駅から西のチョロンなどへ行く路線は廃止され、東へ向かう路線だけが残っている。サイゴン―ハノイ間の南北線は統一鉄道と呼ばれることもある。ハノイからはハイフォン線（ハノイ―ハイフォン一〇二キロメートル）やラオカイ線（ハノイ―ラオカイ二九六キロメートル）などが運行されている。

ローカル鉄道がお好きならば、サイゴン発の日帰り小旅行はいかがだろうか。サイゴンからとなりのビエンホアまでは二九キロ、約四〇分の乗車となる。サイゴン駅はホーチミン市の中心街からタクシーで一五分くらいで到着する。現在のサイゴン駅はかつて操車場だった場所にあるので、駅前に繁華街はない。表通りから細い道を進むと突然サイゴン駅に到着する。

駅に自動券売機はないので、切符は窓口で買う。まず、整理券を受け取って、順番を待つ。順番になればアナウンスと電光板で知らされる。窓口では行き先のビエンホア（biên hòa）と発車時刻、座席種別を指定する。サイゴン発―ビエンホアは早朝から毎日一〇本以上ある。料金は三万ドン（一五〇円）ほどで木製座席のハード・シートかクッション付のソフト・シートを選ぶ。また、切符は旅行会社などの発券代理店で事前に買うこともできる。ただし、代理店での購入は発券手数料も付加された料金となる。

サイゴン駅構内の発券窓口。駅に自動券売機はないので、切符は窓口で買う。

切符にはベトナム語と英語が併記してあるが、ホームでの表示はベトナム語だけだ。しかし、ホームは六本しかないので迷うことはないと思う。駅舎からホームに入るとすぐに列車ごとのホームを示す案内板が見える。「SE」(新型車両)とか「TN」(旧型車両)のような列車の略称と矢印が示してある。また、ホームの入り口左側には案内所があるので、そこで聞くこともできる。*

サイゴン駅を発車した列車は、民家の軒先をかすめながらゆっくりと進む。途中には廃駅や貨物専用などの止まらない駅が五ヶ所ある。最初に見えるゴーバップ駅を通り過ぎ、サイゴン川の鉄橋を渡るとビンチュウ駅の小さな駅舎が見えてくる。ただし、この駅は普通の一軒家のような建物なので、見落としてしまうかもしれない。さらに進んでテュードック駅を過ぎると緑豊かな田園が広がる。その後、駅を二ヶ所通過してドンナイ川を渡るとビエンホア駅に到着する。

ビエンホア市はベトナム戦争当時にアメリカ軍の空軍基地があったことで有名だった。現在は大規模な工業団地がいくつもあり、ホーチミン市の衛星都市となっている。

特に観光地でもないビエンホアでお勧めしたいのはローカルな市場だ。ホーチミン市内に比べてビエンホアは物価が安い。市の周辺には果樹園が多いので特産品は果物だ。地元で採れる魚やエビなどの食材を見るのもおもしろい。以前に訪れたときには生きたサソリが食用として売られていた。

時間に余裕があるならば「寝台列車でニャチャンまで行く」というのはいかがだろうか。サイゴンからニャチャンまでの四一一キロを約八時間かけて走る。ただし、ベトナムの列車は二時間くらい延着することもある。サイゴンからニャチャンへ行く列車は一日に六本以上ある。そのなかで二〇：三〇発の〝ＳＮＴ２〟(Saigon-Nhatrang) は車両設備が新しいのでお勧めしたい。料金はベッドや座席で違っていて、概ね二〇〇〇円から二五〇〇円ほどだ。値段の違いは数百円だけなので、最上級の〝ソフト・バース（二段ベッド）〟をお勧めしたい。

さらに時間と体力があるならばサイゴンからハノイまでのベトナム縦断に挑戦してみてはいかがだろうか。距離一七〇〇キロを三〇数時間かけて走破する。切符購入時には上記ニャチャン行きなどと同様に座席種別を指定する。このときにまちがってもハード・シート（木製座席）は選択してはいけない。また、午後発の列車〝TN〟は古い型式なので冷房がある車両は少なく、しかも、きかないことがある。

ハノイからは国境のドンダンまで路線が延びていて、中国の南寧経由で広州方面や北京に行くことができる。ベトナム戦争中は補給物資を積んだシベリア鉄道が北京経由でハノイまで乗り入れていたこともあった。また、国境のラオカイまでベトナムの列車で行き、そこから中国のバスで昆明方面へ行くこともできる。このルートは、以前には中国の雲南鉄道と接続されていた。

*đường số：番線　　tàu：車両　　giờ chạy：発車時刻

*http://www.vr.com.vn/lien-he.html　ベトナム鉄道総公社

# 第八章

# ブンタウ

ブンタウの小山の上に立つキリスト像。32
メートルの像が、南シナ海を見下ろしている。

## *サン・ジャック岬

明治・大正など昔のサイゴン旅行記には「カプ・サン・ジャック」あるいは「ケープ・セント・ジェームス」という地名がよく出てくる。これはフランス人が〝Cap Saint Jacques〟(聖ヤコブ岬)と命名したブンタウ半島の突端を意味する。

外洋からサイゴン港へ向かう船はドンナイ川を上り、その支流のサイゴン川へ進む。ドンナイ川に入る河口部の東側に屹立《きつりつ》しているのがブンタウ岬だ。ほとんどが平地のベトナム南部沿岸で高さ二一〇メートルのブンタウ岬は沖合いからも遠望できるランド・マークだった。そのため、外洋からサイゴン港へ向かう船はこの岬を目指して舵を切った。そして、フランス統治時代はブンタウでフランス人の水先案内人を必ず乗船させなければならない決まりだった。

フランス統治以前のブンタウは小さな漁村だった。南側に小高い岬があり、内陸部には海水が混じる湿地帯が広がっていた。村民は〝テゥン〟(thuyen thúng)と呼ばれるお椀のような形の小舟で沿岸の魚を獲って暮らしていた。

一六世紀の大航海時代になるとインド洋からマラッカ海峡を越えたヨーロッパ船が立ち寄ることもあった。しかし、特別な産品もない小さな漁村に留まることはなく、中部のホイアンや北部のトンキンへ船は向かった。

日本からの船も同じだった。一七世紀末から一八世紀にかけて御朱印船と呼ばれる交易船が東南アジアの各地に向かった。そのなかでは、ベトナムへ行く船が一番多かった。そのため、ホイアンには日本人街まで成立していた。しかし、ホイアンから南に行く船はベトナム南部のブンタウを通り越してマラッカやバンコックへ向かった。

一九世紀、宣教師の処刑で関係が悪化したスペイン、フランスが攻めてくるという情報が伝わった。当時は〝ヤーデン〟と呼ばれていたサイゴンは南部統治の中枢だった。そこが陥落したら南部の主権が奪われてしまう。ベトナムのグエン王朝は、あわててブンタウの海岸線に高さ三〇メートル、幅一〇〇メートルの砲台を築いた。しかし、スペイン、フランス連合軍は易々とその警戒線を突破して、サイゴンは陥落した。

戦争に負けたグエン王朝はサイゴンの割譲を認める条約に署名した。その条約には、サイゴンだけでなく、ブンタウの支配権も含まれていた。

## ＊現在のブンタウ

ブンタウはホーチミン市から南に約一二〇キロの距離にある。バスは早朝から何便もあり、途中休憩も含め三時間ほどで到着する。また、サイゴン川から発着する高速船もあり、船だと一時間半から二時間で行くことができる。

もし、ホーチミン市から陸路でブンタウに向かったならば、市内に入ったとたんに道がきれいになることに気づくはずだ。市内の公道は一〇〇％舗装されていて、幹線道路の両脇には花や観葉植物が植えられている。ブンタウは、市民一人当たりのＧＤＰがホーチミン市やハノイ市を大きく上回っている。

ブンタウは、ホーチミン市から気軽に行ける海水浴場として観光業が盛んだ。海水浴場以外にもプール、遊園地、ドッグ・レース場など多彩な娯楽施設がある。そして、観光業以上に収入をもたらしているのは油田だ。ベトナムの米輸出量は世界三位（二〇一五年）だが、輸出金額では石油の方が上回っている。

ベトナムで原油採掘がはじまったのは最近のことだ。ベトナム戦争中の一九七〇年代に油田探索がはじまった。一九七五年にアメリカのモービル社がブンタウ沖で大きな油田を発見した。その海底油田はバックホー油田（White tiger oil field）と名づけられた。しかし、その年にベトナム共和国（南ベトナム）が崩壊してしまったことで、モービル社は引き上げてしまった。

一九八六年からはソ連の油田掘削技術を導入して生産がはじまった。産出する原油は品質がよく、一九九〇年代からは日本への輸出もはじまった。そして現在では産出量の八割以上が日本へ輸出されている。このバックホー油田以外にも周辺域で新油田やガス田が開発され、新日本石油グループや出光興産なども油田開発や石油製品生産に参加している。

迎風岬。ブンタウの岬は、南シナ海に丘陵が突き出したような形をしている。

小さな漁師町だったブンタウはフランス占領後にサイゴンの玄関口になった。そして現在、観光と石油によって、人口一〇〇万人の大都市に成長した。

## ＊迎風岬

ブンタウの岬は南シナ海に丘陵が突き出したような形をしている。海を渡ってきた南風がこの丘陵に当たるため〝迎風岬〟（mũi Nghinh phong）と呼ばれることもある。丘陵は大小二つの頂がある。小さい方は〝小山〟（núi nhỏ）、大きい方は〝大山〟（núi lớn）と呼ばれている。また、大山にはアメリカ軍が設置したレーダーがあることから〝レーダー山〟と呼ばれることもある。

ブンタウ灯台。1862 年にフランスによって建設された東南アジアで最初の洋式灯台だ。

### ＊キリスト像の建つ小さい山

小山の南端には高さ三二メートルの＊キリスト像（一九九四年完成）が南シナ海を見下ろしている。この像はリオデジャネイロのキリスト像より二メートル大きいのだと地元の人は自慢する。

小山の頂上、海抜一四九メートルの地点に古い灯台がある。ブンタウ灯台は一八六二年にフランス政権によって建設された。これはベトナムだけでなく東南アジア全体で最初に建設された洋式灯台だ。その後一九一三年に高さ一八メートルに改修されて現在に至る。

昭和一〇（一九三五）年に発行された日本海軍水路部の『東洋灯台表』によれば、

ホワイト・パレスに展示してある砲台。

「白色光、一〇秒周期二回点滅」とある。また、ここには電信所がありサイゴンとの間で電信連絡が可能だった。

かつて、灯台がある頂上にはインドシナ軍の砲台があり、砲兵隊が駐屯していた。一九四一年発行の『南部佛印事情』（日本印度支那協会編、刊）にはその装備が報告されている。

「備砲は二十八サンチ五門を主砲とし、高射砲十五六門、迫撃砲三十門程度を具有し……堡塁も三箇所あって、いずれも機関砲を備えているが、多くは錆《さび》さえ見える」

*キリスト像「Tượng Chúa Kitô Vua」núi nhỏ／Hạ Long, TP Vũng Tàu

## *灯台へ続く坂道

小山にある灯台へ行くには山を二キロほど上らなければならない。道は舗装されているのでクルマで行くことができる。灯台への上り口は、半島の南側を通るハロン通りにある。ホーチミン市との間を往復する高速船の乗り場から北に一〇〇メートルほど行ったところだ。

この上り口は、一九七五年のベトナム戦争終結までは衛兵が常駐するゲートがあり、周辺は有刺鉄線で囲われていた。現在では案内標識もないので、わかりづらいかもしれない。徒歩でも行けるが、地元の人が運転するタクシーなどで行く方が安心だろう。九十九折の道を登り、頂上に着くとクラシックな白い灯台が建っている。灯台の周辺は整備されて展望台のようになっている。そこから見渡せば南シナ海とブンタウ市内が眼下に広がる。天気が良い日なら沖合いにある油田のプラット・ホームも見える。特にお勧めしたいのは夕暮れ時だ。南国特有の壮大な雲が朱に染まり、オレンジ色の水平線に夕日は溶けて沈む。沈んでからもしばらくは残光で空は薄紅色を残し、ほどなく眼下では街の灯りがまたたきはじめる。

*ブンタウ灯台「Hải đăng Vũng Tàu」núi nhỏ／Hạ Long, TP Vũng Tàu

## ＊総督の別荘

一九一五年の『南国記』（竹越与三郎、二酉社）には大山のことが記載されている。

「河口の右岸、丘陵あり、名づけてサン・ジャックと云う。丘陵の先崎は岩石にして之があるがために僅かに此の辺の風光の単調を破る。岩石の上に一大館閣あり。嘗《かつ》て佛領《ふつりょう》印度支那《インドシナ》の総督として大名を遺したるポール・ドゥメーが其の離宮とせんとして建築したるもの…」

この提督の別荘は海に臨む山の中腹に建っていた。しかし現在では海岸の道路を土盛りして高くしたため、山の麓にあるように見える。インドシナ全権総督ポール・ドゥメー（Paul Doumer）が、この別荘の建築をはじめたのは一八九八年で、完成したのは一九〇二年だった。そしてこの別荘は総督の娘の名（Blanche Richel Doumer）を冠してVilla Blanche（白別荘）と名づけられた。

ポール・ドゥメー（一八五七―一九三二）がインドシナ総督としてベトナムに赴任したのは一八九七年だった。赴任前はフランスの財務大臣だった。インドシナ在任中は鉄道建設や港湾の整備などに功績があった。パスツール研究所のイエルサン（第四章参照）を後援してダラットにサナトリウムを建設したのもドゥメーだった。一九〇二年、ブンタウに白亜の別荘を建てたが、ドゥメーはほとんど使用していなかったと思う。その年に解任となり帰国したのだ。

ドゥメーは帰国後に国務大臣や上院議長などを歴任し、一九三一年、第一四代フランス大統領となっている。しかし、翌年にパリで凶弾に倒れて帰らぬ人となってしまった。葬儀はパリのノートルダム大聖堂で国葬として執り行われた。

ドゥメーが帰国した後、この別荘は次期総督の別邸として引き継がれた。その後一九〇七年からはグエン王朝の歴代皇帝が全国に一二ヶ所ある離宮の一つとして使用するようになった。一九五五年、バオダイ帝が失脚した後には、ベトナム共和国大統領の別荘となった。サイゴンでは表立ってできない密談は、この別荘で行われたそうだ。一九七五年のベトナム統一以降は使用されなくなった。そして、一九九二年には文化財として認定された。

この別荘はガイドブックによっては〝ホワイト・パレス〟という名称で紹介されていることもある。現在では博物館として公開されている。一階には陶器などのコレクションが展示してある。その陶器などの展示物はブンタウやそのはるか沖合いにあるコンダオ諸島などで難破した船から引き上げられたものだ。大航海時代、東洋の陶器は宝石のような高値で取引されていた。景徳鎮（中国）などの陶器を満載した交易船がこの海を渡ってマラッカ海峡へ向かった。南シナ海は比較的浅い海で最深部でも二〇〇メートルくらいしかない。その上、サンゴ礁が隆起した小島や浅瀬が無数にある。そのため、船が難破することも少なくなかった。それら沈没船から引き上げられた陶器や船具がコレクションしてある。

ホワイト・パレスはインドシナ提督の別荘として建てられた。

しかし、この博物館で見ていただきたいのは、なんといっても家具や調度品だ。歴代皇帝が使用していた重厚なものだけでなく、昭和を感じさせるモダンな家具も当時そのままに展示してある。また、庭や沿道にはプルメリアが数多く植えられている。そのため、花が咲く時期になると辺りはむせるほどの芳香に包まれる。

*白別荘（ホワイト・パレス）「bạch dinh」4 Trần Phú TP Vũng Tàu

**＊鯨神社**

一九世紀の初頭、ブンタウ沖にはマレー系の海賊が多数出没していた。グエン王朝は海軍を総動員した掃討作戦を展開し、海

鯨神社。ベトナム人にとって、鯨は神様のお使いで、船を守ると信じられている。

賊は一掃された。掃討はしたものの海賊が態勢を整えて、また襲ってこないともかぎらない。しかし、限られた軍事力をこの海域だけに留めておくこともできない。そこで当時の王様、ミン・マン帝は考えた。

「軍隊で守れないなら神様に守ってもらおう」

と、いうことで一八二二年に鯨をお祀《まつ》りした神社をブンタウに建立した。ベトナム人にとって鯨は神様のお使いであり、船を守ると信じられている。そのため、ベトナム人は鯨を食べない。もし、海岸に鯨が打ち上げられたならば丁重に葬る。これはベトナム全国での風習で、鯨を祭る神社は沿岸各地にある。つい先日も中部地方の海岸に鯨が打ち上げられたというニュースがあった。死んだ鯨を赤い布で覆い、海岸に祭壇を設けて葬儀が行われた。

*鯨神社「Đình Thần Thắng Tam」Hoàng Hoa Thám,phường 2,TP Vũng Tàu

## *観光地ブンタウ

ブンタウへは日帰りでも行けるが、一泊以上のゆっくりとしたご旅行をお勧めしたい。海岸沿いには大小のホテルがずらりと並んでいるので宿には不自由しない。また、海辺の街なので新鮮なシーフードが味わえる。小さな屋台からホテルのレストランまで大小さまざまな店がある。また、海岸のビーチパラソルで出前を取ることもできる。

もし、海水浴を楽しみたいなら市内中心部からちょっと北に行ったチー・リン海水浴場がいいだろう。ここの海水浴場は警備員がいるプライベート・ビーチになっている。海岸に行ったなら波打ち際の砂をすくってみてほしい。一握りの砂のなかには稚貝、稚エビなどが無数にうごめいている。ベトナム南部の海の水は赤土で濁っている。しかし、その栄養によって多くの生き物が育まれていることが実感できる。

これは余談だが、二〇一二年、この施設の社長が新聞に載ったことがあった。御歳七四にして二〇歳の女性と結婚し、愛車のロールスロイスを先頭に結婚披露のパレードをしたのだ。しかも、若い女性と結婚するのはこれで三度目なのだそうだ。

*チー・リン海水浴場「Làng Du lịch Chí Linh」414/27 Nguyễn Hữu Cảnh (nối dài), phường 10, TP. Vũng Tàu

## *監獄島

ブンタウから南シナ海を一八五キロ南下した海上に十余りの島からなるコンダオ諸島がある。その中心にあるのがコンソン島（崑崙島）だ。コンソン島は面積五二平方キロで、伊豆諸島の三宅島ほどの大きさだ。この島には高さ五七七メートルの丘がある。そのため、周囲一〇〇キロ以上に何もないコバルトの海の上に小山がぽっかりと浮かんでいるように見える。

フランスがベトナムを植民地としたのは一九世紀だが、それ以前の一八世紀にベトナム国王のグエン・フック・アイン（後のザーロン帝）はフランスのルイ一六世にコンソン島の支配権を与えた。それと引き換えにフランスの軍事支援が欲しかったのだ。フランスはこの島をプロ・コンドール島と命名した。以前にはこの島がイギリスの東インド会社によって一時占有されたことがあった。そのためライバルのフランスとしては所有権を明確にしておきたかったようだ。

フランスはサイゴン占領直後の一八六二年、この島にコンダオ刑務所を設立した。そして、その年から受刑者の収監がはじまった。最初に収監されたのは数十人で、フランス本国や植民地から連行されたフランス人受刑者がほとんどだった。その後、ベトナムの独立運動が活発に展開されるようになると政治犯として逮捕されたベトナム人活動家の数が急増した。そのため、一ヶ所だった刑務所はさらに四ヶ所建設された。また、獄死した受刑者や刑死者を埋葬する墓地も島内に四ヶ所造営された。

コンダオ刑務所は過酷を極めた刑務所だった。フランス国民議会は一七八九年に人権宣言を決議している。しかしそれは市民権を持つ白人にのみ適用されるものだ。有色人種や市民権を剥奪《はくだつ》された罪人には基本的人権などない。時代は少し後になるが、一九六九年にフランスで逮捕されたフランク・アバネイル〈註〉は自伝のなかでフランスの刑務所のことを書いている。記述によれば、独房のなかには何もなかったそうだ。窓、トイレ、灯り、寝具など通常ならどこの刑務所にもあるはずの生活環境がないのだ。囚人服もなく、全裸で収監されていた。

ベトナムのコンダオ刑務所も過酷だった。さまざまな虐待が日常的に行われていた。劣悪な収容環境により心身を病む囚人も少なくなかった。島には診療所があったが、囚人の治療は行われなかった。

囚人を収容する房のなかには屋根のない建物もあった。南国の太陽が照りつけるとコンクリートの床や壁は火傷するほど熱くなる。通称〝日光浴房〟と呼ばれたこの監房は獄舎全体の三割近くあった。

刑務所のなかで、もっとも恐れられたのは〝トラの檻《おり》〟と呼ばれた獄舎だった。房のなかにはトイレや寝具などは何もない。足が床に固定されて、ほとんど動けない状態のまま収監される。人ひとりがやっと入れる大きさの鳥カゴのような檻に入れて拘束することもあった。その檻は有刺鉄線が付いているので身動きすることができない。その状態で屋外に放置するのだ。

拷問を専門に行う〝牛舎〟と呼ばれる建物もあった。そこでは火攻め、水攻め、逆さ吊りなどの拷問が毎日くり返された。「膝頭に釘を打ち込み、その釘に電気を流す」などということも行われていた。女性の受刑者には下半身への拷問も行われた。そのとき看守は言ったそうだ。

「ベトコンに子孫はいらない」

## ＊脱　獄

そんなコンダオ刑務所から脱獄を果たした例がいくつかある。そのひとつをご紹介したい。

グエン・バン・ドン（一九二八年生まれ）はハイフォン市の出身だ。彼は同郷の活動家に啓発されて、一六歳のときから民族解放運動に参加した。工作員としての訓練を受けた後、一八歳からは北部の炭鉱町で地域リーダーのひとりとなった。そして、その後まもなくフランス政権に逮捕されてしまった。

逮捕された直後から拷問がはじまった。灯りひとつない真っ暗な部屋に二四時間拘束されて、手荒い尋問が何日も続いた。このとき、何日間尋問されたかは彼自身にもわからない。完全に外部から隔離されていたので、時間の感覚が麻痺してしまったのだ。

その後、護送されて船に乗せられた。船の中では手足を拘束されたままドラム缶に押し込められた。船での移送は数日かかった。しかし、その間に食事は一度もなかった。排泄は垂れ流すことしかできなかったが、清掃はされなかった。

刑務所では〝トラの檻〟と呼ばれる獄舎に入れられた。床に一・五メートルほどの鉄の棒が固定してあり、一本の鉄棒に五人の足がつながれる。それぞれの獄舎には床の鉄棒が八〇本ほど並んでいて、そのすべてに五人ずつの囚人が拘束されていた。彼の表現によれば「缶詰のイワシのようになって寝た」そうだ。

昼は苦役に出なければならない。石切り場から石を運んで、道路を造るグループと森で伐採した丸太を運ぶグループに分けられた。彼は丸太運びに割り当てられた。そして、運んでいる丸太を見て思った。

「この丸太を組んで、イカダが作れないだろうか?」

その日から深夜の獄舎では脱獄の作戦会議が開かれた。もちろん声高に話すことはできない。すぐとなりに寝ている囚人に耳打ちして伝える。その囚人はさらにとなりの囚人に耳打ちして伝える。そうやって作戦を練った。

もっとも気になるのは武装している看守をどうやって抑えるかだった。毎日見ていると、午後の作業時間は監視が分散して手薄になる。しかも看守よりも囚人の方が圧倒的に多い。そのため、死にもの狂いになればなんとかなるだろうということになった。決行は一二月と決めた。毎年一二月になれば本土に向かって強い季節風が吹く。その風に乗れば動力のないイカダでも本土にたどり着けると考えた。

一九五二年一二月一二日、午後四時の終業サイレンを合図として一斉に看守へ飛び掛った。油断していた看守は、わけなく取り押さえられてしまった。このときのことも「看守は拘束するが殺さない」と、あらかじめ打ち合わせてあった。

作業用のロープを集めて、大急ぎでイカダを組んだ。一時間ちょっとで、イカダができあがった。オール代わりに使う材木も準備した。そして、さっそく海へ漕ぎ出した。

本土を目指して北へ進むうちに貨物船に遭遇した。後から聞いた話では、その貨物船が当局に通報したようだ。ほどなく警備艇が現れてサイゴンへ連行された。サイゴンではチー・ホア刑務所（一九四三年建設）に収監された。しかし、捕虜交換協定によって、その年のうちに釈放された。

*チー・ホア刑務所「Khám Chí Hòa」số 1 Hòa Hưng, Quận 10

## ＊解放そして現在のコンソン島

一九七三年のパリ和平協定を期にコンダオ刑務所では囚人の解放がはじまった。その当時、島には一万人近い受刑者が収容されていて、そのほとんどが政治犯だった。最初に解放されたのは高齢者と病人の二一九人だった。その後も段階的に解放は続いたが、最終的にすべての囚人が解放されたのは一九七五年だった。一八六二年に刑務所が設立されてから、この世の地獄といわれたコンダオ刑務所は一一三年間存続した。皮肉な話だが、この一一三年間は現在のホーチミン市がサイゴンと呼ばれていた期間とほぼ一致する。

この島の平地部分は、そのほとんどが獄舎などの刑務施設だった。現在でもその建物はほとんど残っていて廃墟となっている。そして、その一部は博物館になっていて実際に受刑者がつながれていた〝トラの檻〟に入ることもできる。

現在のコンソン島では観光開発が進んでいる。外国資本のリゾートホテルなど十数軒のホテルがある。ブンタウ港からは定期船が就航していて約一二時間で到着する。また、ホーチミン市からの航空便も毎日ある。ベトナム南部の海はメコン川の赤土で濁っているが、この島までくればその影響はない。ビーチにはサンゴ質の白い砂浜が続き、どこまでも透き通った海には原色の熱帯魚が群れをなしている。

〈註〉フランク・アバネイル

一九六〇年代にアメリカとヨーロッパで小切手詐欺、身分詐称などをくり返した希代の詐欺師。彼の半生は「キャッチ・ミー・イフ・ユー・キャン」という映画にもなった。

# 終章

# サイゴンの終焉

ベンタイン市場。サイゴン市民の衣と食を賄ってきた庶民の台所だ。

## ＊サイゴンの終焉

最後に、サイゴンの終わりについて触れておきたい。その一例として、取り上げるのはわたしの妻の実家と兄チャン・バンの話だ。一九七五年四月三〇日、南ベトナムの首府だったサイゴンが落ちて戦争は終わり、翌月から市の名称はホーチミン市に変更された。サイゴンは敗戦地となったのだ。そして、その日を境にして、サイゴンでは驚天動地の大混乱がはじまった。

チャン・バンは七人兄弟の長男として一九六〇年にサイゴンで生まれた。バンが生まれる少し前、一九五四年のジュネーブ協定によりベトナムは北緯一七度線を境として南北に分断された。北からは共産主義を恐れる一〇〇万人以上の人々が南へ移住した。ベトナム北部は中華人民共和国に国境を接している。国境からは共産党支配による集団労働や飢餓の話が陸続きで伝わってきていた。この年、バンの父親も北からサイゴンへ移住してきた。

父は南ベトナム軍の将校だった。家の前には軍の当番兵が運転するジープがいつもいて、自家用車のように使うことができた。家にいる二人の使用人からは「お坊ちゃん」と呼ばれていた。一九七五年当時は一五歳で、中心街にある名門のリセ「ラサール・タベール校」に通っていた。クラスのなかでは比較的背が高くて、バスケットボールとアメリカのポップスが好きだった。まさかその数年後にボートピープルとなって、南シナ海をさまようとは、夢にも思わなかった。

敗戦の予兆は突然訪れた。一九七五年になると一七度線を超えて進撃してきた北ベトナム軍と解放軍は中部の主要都市を次々と陥落させていった。旧正月が明ける頃になると、サイゴンから陸路で一日の距離にまで迫っていた。遠雷のような砲撃の音がサイゴンでも聞こえるようになった。自分が生まれたときには戦争がはじまっていた。しかしそれは何百キロも離れた遠いところの話だと思っていた。

幼い頃から学校では「共産党は鬼だ、悪魔だ」と教えられてきた。大きな被害はなかったが、バンの家にも北の工作員により地雷がしかけられたこともあった。そんな黒い影がサイゴンへ近づいているのだと思った。アメリカのキッシンジャー国務長官は「北が勝てば残虐な報復が行われるだろう」と予言していた。庶民の間では「男は北へ送られて強制労働させられる」といわれていた。「女は手足のない北の傷病兵と結婚させられる」という噂《うわさ》もあった。

サイゴンの近郊まで北ベトナム軍が迫った三月になると国外へ亡命する人たちが急増した。一般市民だけではなく政府首脳や軍の幹部からも亡命者が出るようになった。バンの親類にも船で逃げようとした者がおり、サイゴン港に向かった。しかし、港の周辺は船に乗ろうとする数万人の群衆で埋め尽くされていて、近づくこともできなかったそうだ。

一九七三年のパリ和平協定によりアメリカ軍は撤退した。しかし、二〇年近くも南側を支援していたアメリカがサイゴン政権と南の人々を見捨てるはずがないと父は思っていた。これまで、アメリカの兵士は南ベトナムの兵士と共に戦ってきた。一時的には撤退しても必ず戻ってきてくれると信じていた。なぜならば、和平協定にアメリカの代表は調印していなかったからだ。

南ベトナムが無条件降伏した四月三〇日、サイゴンには朝から霧のような雨が降っていた。午前一〇時にズオン・バン・ミン大統領の重苦しい声がラジオから流れて、戦争に負けたことを知った。

その放送の直後から北の軍隊がサイゴンへ入城してきた。雨の上がったサイゴンには軍用トラックに乗った北の兵士が大挙して押し寄せた。それまではどこに隠れていたのだろうか、自動小銃を背負った解放戦線の活動家が沿道に出て北ベトナムの旗をふっていた。そして、正午過ぎには南側政府の中枢だった大統領官邸が無血で明け渡された。

## *南ベトナム軍将校だった父

軍の司令部に詰めていた父は夕方になって、ひょっこり家へ帰ってきた。家族のだれもが堰《せき》を切ったように質問をあびせかける。

「これから、どうなるの」

父はうつむいたままで、何も話そうとはしなかった。まるで誰の声も聞こえないかのように肩を落として、低いため息をつくばかりだった。

気がつけば夕食の時刻になっていた。小学生の妹はお腹がすいたとグズリだした。いつものようにレストランへ行こうという。もちろんそんな日に開いている店など、どこにもない。妹は母にたしなめられて、口をへの字にまげていた。

翌日の朝、父は出勤しなかった。いつもならプレスのきいた制服を着て、ジープで出て行く父は部屋着のままで書斎にこもっていた。昼前、司令部からの呼び出しがあった。父は制服に着替えて司令部へ行った。そして、その日は帰ってこなかった。司令部に電話をしても通じることはなく、その翌日も帰らなかった。

これは後からわかったのだが、父は解放軍に拘束されて、取調べを受けていた。取調べは数ヶ月に及び、そのまま再教育キャンプへ送られた。終戦直後から南側将兵への再教育が開始された。単なる一兵卒ならば数日で釈放されることもあった。しかし、将校は最低でも三年近く拘束される。英語が堪能で、米軍幹部とも関係が深かった父はその後八年間帰ってこなかった。

当然のことだが、敗戦した南側の将兵に給料が支給されることはない。父の給料だけに頼っていた一家はすぐに困窮した。家には育ち盛りの子どもが六人いて、しかも母は身重だった。最初は蓄えを切り崩しながら生活した。そして、蓄えが乏しくなってからは家にあるものを売った。貴金属、電化製品、衣類、家具、売れそうなものはすべて売りに出した。ソニーのラジオやセイコーの腕時計などは北では手に入りにくいものだった。そのため、北から進駐してきた兵隊に高値で売れた。

終戦から数ヶ月たって、学校が再開されるという発表があった。戦争末期からは戒厳令によって休校となり学校へ行っていなかった。新学期からリセ（中高校）は中学校と高校に分離されて再開されるのだという。通っていた中心街のリセは閉校となり、指定された別の高校へ転校することになった。

学校は嫌いではなかった。しかし、休むことが多かった。なによりもまず食べていかなければならない。自分だけではなく幼い弟や妹にも食べさせなければならない。毎日、母が作った菓子を家の前に並べて売った。菓子の材料にする豆や砂糖は、中心街では品薄で高い。郊外の農家から仕入れるため、片道三〇キロを自転車をこいで往復した。

廃品回収のようなこともした。弟や妹に袋を持たせて金属片などを拾ってこさせる。当時は廃屋として放置されたままになっている建物も残っていた。瓦礫《がれき》をかき分けてクギや電線などを探す。弟たちの小さな手には生傷が絶えなかった。拾ってきた廃品は家の一階に集めて分類する。父がコレクションした螺鈿《らでん》細工が並んでいた客間は廃品の集積場所になった。

そうこうするうちに一八歳になり、実感のないまま高校を卒業した。高校を卒業したら大学へ入るものだと以前は思っていた。しかし、旧南側軍族の子弟は大学へ入学できないという不文律が当時はあった。また、家族は毎日の食事にも事欠くようなありさまなので、実際には大学どころではなかった。

とにかく、働きに出ることにした。できれば安定した職業に就きたいと思っていた。しかし、当時は社会全体の生産システムが崩壊して未曾有の大不況が続いていた。敗戦により南側の公務員と軍族はすべて失業した。アメリカなどの外資系企業に勤めていた人たちも職を失った。カジノやキャバレーなどの遊興施設が閉鎖されたので従業員はすべて解雇された。寺や教会などの宗教施設でも人員が制限されて、多くの僧侶や修道士が還俗させられた。街は失業者であふれていた。

それでも仕事を探した。知り合いを訪ねて脚を棒にする毎日が続いた。しかし、どんなに歩き回ったところで、まともな就職先はなかった。なによりも南軍側将校の子弟というレッテルが足かせとなった。けれども、家族のことを考えると仕事をしないわけにはいかない。そのため、日雇い仕事などをして、わずかながら母に金を渡した。

## ＊密出国

そんな生活が三年近く続いて、気がつけば二十歳を超えていた。あいかわらず定職はなく、週に一度か二度だけ仕事にありつけた。父が帰ってこない今、長男である自分が大黒柱にならなければならない。しかし、実際には自分の食い扶持《ぶち》すらままにならない毎日だった。

定職がなく日雇いのその場仕事をしているのは自分だけではなかった。リセの同級生のほとんどは自分と同じような生活をしていた。その中にはベトナムに見切りをつけて海外へ亡命する若者も少なくなかった。特に中国系の同級生はほとんどが海外へ出国していた。

終戦直後からはじまった極端なインフレによって生活は日ごとに苦しくなってゆく。終わることのない大不況で仕事も減っていた。こんな地べたをはいずるような暮らしを続けて生涯を終わるのだろうか。このまま国に留まっていても自分に将来はないと感じた。

当時のホーチミン市では国外への密航はめずらしいことではなかった。密航するには郊外の漁村から船に乗って沖の外航航路を目指す。各地の漁村からは毎日密航船が出航しているが、当局の取り締まりはほとんどない。そして、外海まで行けば外国の船が拾ってくれるらしい。もし、外国船に遭遇しなくても潮に乗ればホンコンなどに到着できるのだそうだ。また、到着地で受け入れられずに強制送還となれば、国連が帰国手当てを支給してくれる。しかも、密航したことで重罪に問われることはない。

しかし、出航しても無事に到着できるという保障はどこにもない。密航船を専門にねらう海賊も多数出没しているという噂《うわさ》も聞いた。

当時のホーチミン市は混乱が続いていて、治安が悪かった。治安を回復すべく多くの兵士が市内に投入されていた。そして、軽微な犯罪でも極刑が課された。なかにはタバコ一箱を万引きして、その場で銃殺された者もいた。

母はバンに出国を勧めるようになった。長男は政府への不満で今にも爆発しそうなことはわかっていた。つまらない事件でも起こして、銃殺されるくらいなら、運を天にまかせて出国した方がいいと考えた。

「家族のことは気にしなくてもいい。おまえひとりだけでも生きていけ」

母から言われたこのひと言で決心がついた。

密出国は違法行為だ。しかし、ホーチミン市では出国を手配するブローカーが半ば公然と営業していた。看板こそ出していないが、人に聞けばブローカーはすぐに見つかった。親せき中から金をかき集めて渡航費を工面した。荷物は制限されていたので小さなボストンバックだけ持って待ち合わせ場所に行った。

## ＊ボートピープルになる

待ち合わせに指定された時刻は深夜〇時。場所は子どもの頃から何度も遊びに行ったことがある海水浴場だった。湾内には漁船や小船が何隻も碇泊《ていはく》しているのが月明かりで見えた。波打ち際から手漕ぎのボートで漕ぎ出して、停泊している船のひとつに乗るように指示された。

その船を見て唖然《あぜん》とした。横幅が三メートルほどの小さな船だった。ホーチミン市の運河でよく見かける焼玉エンジンのポンポン船、しかも夜目にもはっきりとわかる老船だった。

船には百人近く乗って出航した。波をひとつ越えるたびに船体は大きく軋《きし》んで悲鳴を上げた。沈まずに海に浮かんでいることが奇跡のように思えた。積載量を大幅に超えているため喫水が下がり、船べりから手を出せば海面までとどきそうだ。海は荒れていなかったが、波に当たれば船には容赦なく水が入ってくる。そのため、船は歩くような速度でしか進むことができなかった。

ほとんど眠れないまま朝を迎え、見渡せば周囲に島影ひとつない大海原にいた。ここで海賊に襲われれば逃げることはできない。海賊は金品を奪うだけでなく、ベトナム人を奴隷として売り飛ばすのだそうだ。女性だけでなく若い男も男娼として売られると聞いた。

船は一路南へと針路をとっていた。通航量の多いマラッカ海峡の近くまで行けば外洋船と遭遇できるという。しかし、その日は船影すら見えなかった。次の日、遠くに船が見えた。点のような船影はゆっくりと近づき、貨物船らしい船体がはっきりと見えた。大声で助けを求めた。着ていたシャツを脱いで振った。船にいた誰もが言葉にならない叫び声をあげた。するとどうだろう、まっすぐに近づいていた船は針路を変えて彼らの船を迂回して通り過ぎた。次の日も救助されることはなく、四日目が過ぎた。そして、五日目になってようやく陸が見えた。

上陸した海岸はマレーシアの田舎町だった。難民の漂着ははじめてではなかったようで、すぐに警察が来た。その後、トラックに乗せられて難民キャンプに到着した。キャンプ地には国連を示す〝UN〟とプリントされた白いテントが無数に並んでいた。そのテント集落で、数万人のべトナム難民が暮らしていた。キャンプに着いて、まずやったことは家族に手紙を書くことだった。手紙には自分の無事を知らせるとともに「船での密航は絶対にやめろ」と書いた。無事に着いたら兄弟たちも順次出国させようと考えていた。しかし、船での出国はあまりにも危険だとわかった。自分は九死に一生を得るようにしてマレーシアにたどり着いた。しかし、こんな危ない体験を兄弟たちにさせるわけにはいかない。

マレーシアには難民キャンプがあったが、難民を受け入れてはいなかった。そのため、認定を受けて第三国へ移送されることになる。しかし、キャンプには認定を待っている人が多すぎて手続きに長い時間がかかる。なかには終戦前に出国して、五年以上キャンプで暮らしている人もいた。

その後、難民認定されて受け入れ国に出国することになった。アメリカへ移送され、職を求めてカナダへ移った。そこでもまた、さまざまな審査があったが、カナダの居住権を得ることができた。

## *カナダでの生活

カナダでの生活は楽しいことばかりではなかった。急増したベトナム系移民は白眼視されることもある。また、南国育ちにとって、北国の寒気はとてつもなく恐ろしかった。

しかし、カナダでは働いて収入を得ることができた。移民仲間の紹介で就いたのは中華レストランの下働きだった。下宿代を節約するため夜は店の床にダンボールを敷いて寝た。深夜の皿洗い、早朝の残飯運び、家族に金を送りたいという一心で働いた。苦しいときには弟たちの顔を思い出して奥歯をかみしめた。そんな仕事ぶりが認められて、仕入れを任されるまでになった。

一方、ベトナムでは戦後の混乱によりインフレと極端な物不足が続いた。しかし、一九八六年にドイモイ政策が正式に採択されるとインフレは沈静化しはじめた。また、この頃からは西側諸国の援助もはじまった。

## ＊里帰り

カナダでの生活がなんとか安定し、はじめて里帰りできたのは一〇年後の一九九〇年だった。ごったがえす空港出口で母の顔を探した。母の方が先にバンを見つけて、悲鳴のような声で名前を呼んでいる。凛《りん》とした軍人だった父はすっかり痩せて、一回り小さくなっていた。

「息子よ」

父は声をつまらせて、バンの頭を両手でかき抱いた。その父の手にバンは自分の手を添えた。父の手はすっかり肉が落ちていた。「これは自分の憶えている父の手ではない」。枯れ木のような父の手に触れて、ベトナムに残った家族の一〇年間を思い描いた。

見渡せば空港の周辺は予想以上に整備されていた。このあたりは重点的に砲撃されたため、街並みのほとんどは瓦礫となり、戦後になっても長いこと放置されていたはずだ。ベトナムは着実に復興している。弟たちも皆就職し、両親もひと安心している様子だった。戦後一〇数年かかってようやく見えてきた国の安定と家族の幸せ。このささやかだがこの上ない幸せはいつまで続くだろうか。たぶん、戦争が起こらなければこれからも続くことだろう。そう、戦争さえなければ……。

# あとがき

以前、日本に来たフランス人から「日本はどこへ行っても醤油の匂いがする」と言われたことがあります。どの国でもそこには人々の特有な生活があり、それは匂いにもあらわれるものです。すっかり慣れてしまった日本人とは違い外国人にとって醤油は異臭なのかもしれません。開高健氏は「ベトナムはどこへ行ってもヌクマム（魚醤）の匂いがする」と書いています。実際にその通りで、わたしがこちらで暮らし始めた頃はその強烈な匂いに辟易することもありました。

それから何年くらいたった頃でしょうか。ヌクマムの匂いを特別には感じなくなりました。そして逆に「日本は醤油の匂いがする」と思うようになりました。

長く暮らすうちに、こちらの人からさまざまな話を聞きました。そのなかでわたしが興味をもったのはサイゴン時代の話でした。

「今は図書館だけど以前は刑務所で中庭にはギロチンがあったんだ」

というような話を聞き、それを歴史書や古地図などで確認してから記事を書く。その作業をくり返すうちにおぼろげながら昔のサイゴンが見えてきました。また、このことはわたしが誤解していたベトナム観を解き、こちらの人たちを理解するための一助ともなりました。薄皮が一枚づつはがれていくようにベトナム人の心情が共有できるようになりました。
たくさんの人たちから聞いたさまざまな話のなかで、一番印象に残っているのは戦争の話です。これはどの戦争でも同じですが、戦闘状態になれば目を覆いたくなるような残虐な行為がくり返されるものです。ベトナム戦争が終わったのが一九七五年。現在でも多くの人が戦時中の記憶を留めています。不幸な運命に国中が翻弄されてきた時代は悪夢そのものです。
ベトナム戦争の戦中あるいは戦後から発生したさまざまな問題もあります。例えば、枯葉剤問題では現在でも多くの被害者が苦しんでいます。近年、ベトナムはずいぶんと経済復興しましたが、国民が抱える戦争の痛みが消えたわけではありません。置き火のように現在でもくすぶり続けているのです。

末筆ながら本書の執筆について多くのアドバイスを頂きました高文研の飯塚直社長に感謝申し上げます。そしてまた、妻の家族、大学の同僚、お寺の和尚さんなどさまざまな人からたくさんのサジェッションを受けました。わたしの取材に付き合い、昔話を聞かせてくれたホーチミン市の皆さんにも謹んでお礼申し上げます。ありがとうございました。

二〇一七年七月　ホーチミン市の自宅にて

野島 和男

**野島 和男**（のじま・かずお）

1959年東京生まれ。2003年にベトナム・ホーチミン市へ移住。現在、ホーチミン社会人文大学外語センター講師。ツーズー病院の平和村関連のほか、ホーチミン・テレビ局（ＨＴＶ）や戦争証跡博物館などの日本語翻訳を手掛けている。編著書に『ドクちゃんは父になった』（高文研）がある。

**観光コースでないサイゴン**

●二〇一七年 七 月二五日――――第一刷発行

著　者／野島 和男

発行所／株式会社 高文研
東京都千代田区猿楽町二―一―八
三恵ビル（〒一〇一―〇〇六四）
電話03＝3295＝3415
http://www.koubunken.co.jp

印刷・製本／シナノ印刷株式会社

★万一、乱丁・落丁があったときは、送料当方負担でお取りかえいたします。

ISBN978-4-87498-626-4 C0036